Hat die Welt den Dalai Lama und Tibet vergessen?

FREUNDE FÜR EINEN FREUND

FRIENDS FOR A FRIEND

XIV. DALAI LAMA

Stefan Schröder

Hat die Welt den Dalai Lama und Tibet vergessen?

Ein Rückblick auf 40 Jahre Freundschaft in Hessen und was sie bewegt hat

Herausgegeben vom Verein
Freunde für einen Freund e. V.

HERDER

FREIBURG · BASEL · WIEN

MIX
Papier | Fördert gute Waldnutzung
FSC® C010798

Hermann-Herder-Straße 4, 79104 Freiburg

Bei Fragen zur Produktsicherheit wenden Sie sich an
produktsicherheit@herder.de

www.herder.de

Umschlagmotiv: Maik Scharfscheer, Frankfurt/Innsbruck
Umschlaggestaltung: eventquartier GmbH, Frankfurt und Medienhaus Rete OHG
Satz: Daniel Förster, Belgern
Herstellung: Graspo CZ, Zlín

Printed in Czech Republic

ISBN Print: 978-3-451-07379-3
ISBN E-Book (PDF): 978-3-451-84013-5

Inhalt

FÜR

THE DALAI LAMA

MESSAGE

I have had the privilege of visiting your state, Hesse several times. On every occasion, you have welcomed me with open arms, whether I was making one of my regular stopovers in Frankfurt on the way to somewhere else, or attending events in the state itself. The faces of the security personnel and others who accompanied me during these visits have become familiar to me and I count them among my friends. I have also enjoyed a long and steady friendship with many of you, including Roland Koch and Professor Schwarz-Schilling.

I deeply appreciate the kindness the people of the state have shown me personally and the friendly support they have given the Tibetan people. I am grateful that they came together and created the group 'Friends for a Friend' *(Freunde für einen Freund),* which organized events such as the day in the *Hessenpark* when I could meet and address people from all walks of life. In addition to this, the warmth and generosity of our friends in your state also inspired the founding of Tibet House, a culture Centre, in Frankfurt.

I am delighted that you are now publishing this book illustrating the long-standing goodwill between our two communities. I thank the people of Hesse for their friendship and for the support they have shown me and the Tibetan people. The bond between us is precious because at root it is founded on affection and mutual respect.

With my prayers and good wishes,

27 March 2025

1

2

Warum noch ein Buch über den Dalai Lama?

Ein Vorwort von Frank Auth

Warum noch ein Buch über den Dalai Lama? Vielleicht, weil wir in Europa nach 75 Jahren Frieden und Freiheit zum ersten Mal wieder Krieg haben. Weil es in der Welt immer mehr Autokraten und Diktatoren gibt. Weil neue Global Player immer stärker werden. Weil die Freiheit einzelner Bevölkerungsgruppen oder ganzer Völker neuerdings wieder eingeschränkt ist. Etwas, was wir uns nie hätten vorstellen können in den letzten 20–30 Jahren.

Die gewohnte Weltordnung scheint sich zu verschieben und viele Menschen im Westen und in Europa stellen sich die Frage: Quo vadis? Und in diesem neuen Aufkommen von Veränderung und Unsicherheit, von Einschränkung der Meinungs- und Bewegungsfreiheit oder der Freiheit als Ganzes stellt sich für uns Mitglieder des Vereins »Freunde für einen Freund« die Frage: Warum hat das einzige Volk, das weltweit seit 70 Jahren gewaltfrei Widerstand leistet gegen eine Besetzung seines Landes und eine Verdrängung ihrer kulturellen Identität – warum findet dieses Volk immer weniger Gehör in der Weltöffentlichkeit? Nur die bewaffneten Konflikte finden jeden Abend Erwähnung in den Nachrichten. Ist es das, was wir wollen? Dass nur noch Gewalt unsere Aufmerksamkeit weckt? Wir wollen das nicht. Wir wollen mit diesem Buch daran erinnern, dass es einen Menschen gibt, der seit vielen Jahrzehnten für Gewaltfreiheit einsteht. Er steht ein für ein friedliches Miteinander aller Menschen. Er steht ein für Mitgefühl. Wenn man ihm persönlich begegnet, dann spürt man, dass er dieses Mitgefühl wirklich lebt und ausstrahlt und das nicht nur seinen Freunden gegenüber, sondern sogar bei den Menschen, die ihm nicht wohlgesonnen sind.

Als Privatleute haben wir den Dalai Lama im Rahmen einer politischen Delegationsreise im Jahre 2005 kennengelernt und seitdem viele Male getroffen. Wir haben das große Glück, ihn kennengelernt zu haben, als Vermächtnis gesehen, dieses Geschenk weiterzugeben an andere Menschen. Diese

1 Innige Freundschaften beginnen schon in jungen Jahren, so wie bei Baby Soley. Hessenpark 2007.
2 Über 20.000 Besucher freuen sich im Kurpark dem Dalai Lama zum 80. Geburtstag zu gratulieren. Wiesbaden 2015.

1

2

3

4

Aufgabe haben wir in 20 Jahren mit vielen Veranstaltungen umgesetzt und dabei in viele glückliche Gesichter geschaut. Das war unser Lohn. Unser Bestreben war es stets, die Begegnung mit dem Dalai Lama für alle Besucher kostenfrei zu ermöglichen. Dazu brauchte und braucht es großzügige Sponsoren. Dies war nie einfach, weil Firmen, die Geschäfte in und mit China machen, eine direkte, offene Unterstützung aus Angst vor Repressalien abgelehnt haben. Das hat sich in den letzten Jahren nicht geändert, sondern hat eher noch zugenommen. Die Organisation von Veranstaltungen wird immer schwieriger.

Zeitgleich ist die Berichterstattung über Tibet und den Dalai Lama aus dem Fokus der Weltöffentlichkeit gerutscht. Die Präsenz des Dalai Lama und der Tibetfrage nehmen in der medialen Welt seit Jahren kontinuierlich ab und drohen in Vergessenheit zu geraten. Dabei sollte genau dieser gewaltfreie Widerstand das Vorbild sein für alle Konflikte in der Welt.

Wir wollen aus diesem Grund noch mal ein Schlaglicht darauf werfen und hervorheben, wie aus den privaten Handlungen einzelner Bürger und Politiker eine Beziehung und eine Freundschaft über 40 Jahre werden konnte – zwischen dem Dalai Lama, Tibet, den Exil-Tibetern und den Hessen. Das beherzte Handeln einzelner Menschen kann also sehr wohl eine Änderung bewirken.

Wir wünschen uns, dass dieser Mann, vor allem seine Botschaft des Mitgefühls und des friedlichen Miteinanders in diesen unruhigen Zeiten wieder mehr Gehör findet. Wir wünschen uns, dass wir alle unsere Herzen öffnen für seine Botschaften der Nächstenliebe. Denn diese sind nicht an eine Religion gebunden, sondern es sind universelle Botschaften, die in unruhigen Zeiten von Krisen und gewaltsamen Konflikten weltweit wichtiger sind denn je.

Dieses Buch ist unser Dank für eine besondere Freundschaft und Erinnerung daran, dass es in der Hand jedes Einzelnen von uns liegt durch das eigene Denken und Handeln die Welt zum Besseren zu verändern.

Frank Auth, Vorsitzender des Vereines »Freunde für einen Freund e. V.«

1 Die »Freunde für einen Freund« mit Familien warten im Hessenpark auf die Ankunft des Dalai Lama, 2007.

2 Das Organisationsteam der »Freunde für einen Freund« trifft den Dalai Lama im Hotel Nassauer Hof 2015 zu einer Privataudienz.

3 Dieter Beine Protokollchef des Landes Hessen, Dalai Lama und Frank Auth, Vorsitzender des Vereins »Freunde für einen Freund« im Hotel Nassauer Hof Wiesbaden 2015.

4 Frank Auth, Vorsitzender »Freunde für einen Freund«, Christoph Spitz, Übersetzer, Dalai Lama, Kelsang Gyaltsen, Sondergesandter des Dalai Lama bei der Ansprache Seiner Heiligkeit im Kurpark Wiesbaden 2015.

1

2

3

4

5

Warum ausgerechnet Hessen?

Auf den ersten Blick haben Tibet und Hessen ausgesprochen wenig gemein. Tibets Hauptstadt Lhasa liegt auf 3700 Meter Höhe. Der Große Feldberg schafft es auf gerade einmal 881 Meter. Hessen wirbt damit, die Drehscheibe Mitteleuropas zu sein. Tibet war jahrhundertelang ein schier unerreichbares Hochland im höchsten Gebirge der Welt.

Aber Hessen rühmt sich, Partnerland Tibets zu sein. Warum ist das so? Warum gibt es seit Beginn der 1980er-Jahre einen intensiven Austausch zwischen Tibetern und Hessen. Warum kam der Dalai Lama, das Oberhaupt der tibetischen Gemeinschaft, mehr als 50 Mal in dieses Bundesland, um Freunde zu treffen? Auch die Mitglieder seiner Exilregierung fühlen sich zwischen Frankfurt und Wiesbaden, Darmstadt und Gießen wohl und willkommen. Das Drehkreuz Frankfurter Flughafen oder die hessische Hügellandschaft allein können nicht Gründe genug sein, warum der Dalai Lama bei der Ankunft im Wiesbadener Hotel Nassauer Hof ausrief: »It's like coming home«. Eine Antwort könnte der Name des Vereins geben, dessen Gründung auf das Jahr 2005 zurückgeht: »Freunde für einen Freund«. Hier engagieren sich seit 20 Jahren hessische Bürger für den Dalai Lama und die Freundschaft zu den Tibetern. Es waren und sind sehr persönliche Beziehungen, die zu dieser engen Bindung geführt haben.

Die Kombination aus einer parteiübergreifenden politischen Solidarität und einem erheblichen privaten Engagement von Bürgerinnen und Bürgern gibt den Ausschlag. Die in Deutschland einzigartige Kombination schafft den Boden für zahlreiche freundschaftliche Begegnungen von Bürgern und auch von Politikern aller demokratischen Parteien mit dem Dalai Lama in zwei Jahrzehnten. Der hessische Landtag empfing als erstes deutsches Parlament den Dalai Lama schon 1995 auf Initiative des Oppositionsführers Roland Koch zu Zeiten eines sozialdemokratischen Ministerpräsidenten Hans Eichel. Nur in Hessen begleitete eine Motorradeskorte der Landespolizei regelmäßig die Wagenkolonne des Dalai Lama wie bei einem Staatsgast. Roter Teppich, Flaggenhissung, Personenschutz und Abholung am Flugzeug inklusive.

1 Tibetische Gebetsfahnen wehen auf der Hochebene beim Felsenkloster Chiu Gompa.
2 In Hessen ist der Dalai Lama als Staatsgast immer mit einer Kolonne mit Motorradstaffel unterwegs.
3 Häufiges Bild auf den Zwischenstopps mit der Lufthansa in Frankfurt.
4 Zu Gast bei Freund Roland Koch in der hessischen Staatskanzlei in Wiesbaden.
5 Treffen des Dalai Lama mit Karl Starzacher, dem hessischen Landtagspräsidenten a. D. und Vorsitzenden der Albert Osswald Stiftung.

1

2

3

4

5

Dass die hessische Politik mit diesen Sympathiebekundungen in den Augen der hessischen Bürgerinnen und Bürger richtig lag, bewies der große Zuspruch der Landeskinder. Zehntausende strömten zu Veranstaltungen im Wiesbadener Kurpark, im Frankfurter Waldstadion oder im Hessenpark, Sport- und Konzerthallen waren ausgebucht. Die Möglichkeit, den Dalai Lama persönlich zu treffen und seine mitfühlenden Vorträge zu erleben, ohne Eintritt zu bezahlen, war einmalig in Deutschland, Europa und der Welt. Solche Events waren so nur in Hessen möglich, weil sich engagierte Privatpersonen im Verein »Freunde für einen Freund« die Zeit dafür nahmen, ehrenamtlich Arbeit leisteten und eigenes Geld gaben. An jedem 10. März, dem Tag, an dem in Tibet 1959 der Aufstand gegen die chinesische Besatzung losbrach, weht auf den Rathäusern von Kiedrich bis Fulda, von Taunusstein bis Hanau die tibetische Flagge. In Tibet ist es unter Androhung hoher Strafen verboten, das Banner mit den Schneebergen, den beiden Schneelöwen und der Sonne zu zeigen.

Was waren die Motive für diese außergewöhnliche Gastfreundschaft? Viele in Hessen können sich auf diese Begründung einigen: »Was für eine Botschaft würden wir kommenden Generationen hinterlassen, wenn ausgerechnet dasjenige Volk auf der Strecke bliebe, welches als einziges friedlich geblieben ist?«. Andere eint der Kampf um die Existenz des tibetischen Volkes, dessen Kultur und Tradition, Sprache und Lebensraum seit Jahren bedroht sind. Sie sprechen von einem kulturellen Genozid. Auch ist es die charismatische Haltung des Dalai Lama, sein menschliches Wirken, seine faszinierende Persönlichkeit, sein Vorleben des Mitgefühls, die darüber hinaus viele anzieht. Andere bewundern den Denker und Diskutanten, der den Ehrgeiz hat, lebenslang lernender Schüler zu sein und sich mit Wissenschaftlern auf höchstem Niveau austauscht.

Die Tibeter haben sehr schnell wahrgenommen, dass sie und ihre Führungspersönlichkeit in Hessen anders behandelt wurden als anderswo. Vor allem der Mut und die Entschlossenheit, den massiven Druck auszuhalten, den chinesische Regierungsstellen ausübten, hat die Exiltibeter beeindruckt.

Daher verwundert es nicht, dass zentrale Positionen in bundesdeutschen und europäischen Gremien, die für die Interessen der Tibeter einstehen, von Hessen besetzt sind oder waren. Der Abgeordnete Thomas Mann aus Schwalbach hat jahrelang als Tibet-Koordinator des Europa-Parlaments gewirkt. Hessische Politiker haben als Experten die tibetische Delegation bei den offiziellen Verhandlungen mit der

1 Empfang der »Freunde für einen Freund« mit Seiner Heiligkeit dem Dalai Lama im Kurpark 2005.
2 Empfang der »Freunde für einen Freund« mit Seiner Heiligkeit dem Dalai Lama in Wiesbaden 2011.
3 Zu Ehren des Dalai Lama wurden 2007 auch echte Yaks in den Hessenpark gebracht.
4 Der Dalai Lama zu Gast in der Hessischen Staatskanzlei mit Ministerpräsident Volker Bouffier 2011.
5 Karl Nüser, Hoteldirektor, empfängt seinen Stammgast immer schon vor dem Hotel persönlich. Wiesbaden 2011.

chinesischen Regierung beraten. Und der Bundestagsabgeordnete Michael Brand aus Fulda führt den Parlamentskreis Tibet, einen Zusammenschluss von 50 Abgeordneten im Bundestag, die sich parteiübergreifend auch in der aktuellen Legislaturperiode für das Schicksal der Tibeter einsetzen.

Sichtbarstes Zeichen für die zentrale Rolle Hessens bei der Bewahrung tibetischer Kultur ist das Deutsche Tibethaus in Frankfurt. Es wurde 2005 auf ausdrücklichen Wunsch des Dalai Lama am Main gegründet. Seine Heiligkeit hat die Schirmherrschaft übernommen – ein Privileg, das außer Frankfurt nur noch den Tibethäusern in New Delhi, New York und London zuteil geworden ist.

Die Solidarität von und mit Hessen zeichnet sich durch Solidität aus, der Druck von außen hat sie eher noch gestärkt. Dennoch: Die Unterdrückungsmethoden des chinesischen Regimes, innerhalb Tibets werden filigraner und totalitärer. Wer innerhalb Chinas für Tibet aufsteht, riskiert Leib und Leben. Wer sich außerhalb des Landes mit dem Dalai Lama und seinem Volk solidarisiert, ist sofort mit subtilen oder brachialen Repressalien konfrontiert. Inzwischen sind die Tibeter in ihrem Land eine ethnische Minderheit, ihre Stimme in der Welt wird leiser, seit der Dalai Lama nicht mehr bei Besuchsreisen weltweit für die tibetische Sache werben kann. Hat die Welt den Dalai Lama vergessen?

Auf den folgenden Seiten dokumentieren wir, wie intensiv und wie zahlreich sich die Verbindungen der Hessen mit den Tibetern und ihrem Oberhaupt über die Jahre entwickelt haben. Sie gründen auf einem gemeinsamen Verständnis von Werten, die für eine demokratisch verfasste menschliche Gesellschaft unerlässlich sind: Mitgefühl, Solidarität und Haltung. Werte, die über den Tag hinaus Bestand haben. Oder wie der Dalai Lama sagt:

»Gib nie auf, entwickle Dein Herz, sei mitfühlend und setze Dich für den Frieden ein, in Deinem Herzen und für die Welt.«

Wie alles begann

Manchmal erklären Anekdoten mehr als ein ganzes Referat. Mitte der 1980er Jahre lud die junge Nele Löwenberg (heute Nele Neuhaus) ihre Freunde zu einer Fastnachtsparty in ihr Elternhaus nach Bad Soden ein. Vater und Mutter waren verreist. Auf einmal, so erinnert sich die Gastgeberin, seien zwei Freunde mit einem gerahmten Porträtfoto aus dem Arbeitszimmer des Vaters, damals Landrat des Main-Taunus-Kreises, gekommen. »Ist das Dein Vater an Fasching?« hätten sie gefragt. Das Bild zeigte einen freundlich dreinblickenden Herrn mit Brille, bekleidet mit dem orange-roten Umhang der tibetischen Mönche. »Der Dalai Lama hatte meinem Vater dieses Foto von sich samt Widmung in Goldschrift geschenkt.« Landrat Dr. Bernward Löwenberg hatte es stolz auf seinem Schreibtisch platziert. Wenn die junge Nele zu dieser Zeit im Bekanntenkreis von Seiner Heiligkeit, der 14. Inkarnation des Dalai Lama, erzählte, habe das niemanden interessiert. »Den kannte ja keiner.«

Entsprechend improvisiert verliefen die ersten Besuche des geistlichen Oberhaupts der Tibeter und politischen Führers einer Exilregierung. Erst 1973, also 14 Jahre nach seiner Flucht aus Lhasa, hatte die indische Regierung dem Dalai Lama erlaubt, von seinem Exil im nordindischen Dharamsala Reisen in die westliche Welt zu unternehmen. Zu den elf von ihm besuchten Ländern gehörte auch Deutschland. Gemäß der Weisung, keine politischen Gespräche zu führen, traf Seine Heiligkeit vorwiegend Religionsführer, so etwa Papst Paul VI. in Rom, den Erzbischof von Canterbury in England und den Aga Khan. In München war er Gast der Bayerischen Akademie und in Maria Laach tauschte er sich mit dem Abt des Benediktinerklosters über Gemeinsamkeiten aus. Hessen stand nicht auf dem Reiseplan. Das sollte sich knapp zehn Jahre später ändern.

»Mein Mann war ein Flüchtlingskind aus Schlesien, deshalb hat er sich immer sehr für die Schicksale Vertriebener interessiert«, erzählt Hannelore Brückner. Ihr Mann Friedhelm betrieb eine Firma für Anlagenbau, aber seine Leidenschaft galt dem Filmemachen. Friedhelm Brückner lernte bei den Dreharbeiten Anfang der 1980er Jahre in Indien tibetische Mönche kennen. Er besuchte eines der Flüchtlingslager, die mit Hilfe der Exilregierung in Dharamsala entstanden waren. In diese Zeit falle das erste Treffen mit dem Dalai Lama, sagt Hannelore Brückner.

Die Pläne für einen Gegenbesuch des Dalai Lama in Hessen müssen sehr schnell konkret geworden sein. Denn bereits 1982 zog bei den Brückners in Glashütten ein junger Mönch aus Dharamsala ein. Voller Ehrfurcht für sein Religionsoberhaupt habe der junge Lama die Familie instruiert: Man dürfe Seiner

1

2

3

4

5

Heiligkeit nicht die Hand geben, er brauche eine Liege für kurze Ruhepausen. Kurzerhand wurde das Bett des Sohnes Michael auf seine Tauglichkeit getestet. Es musste hart genug sein. »Was er trinkt, was er isst, alles wurde vorher geprüft«, schildert Hannelore Brückner. Umso verblüffter waren die Gastgeber, als der prominente Besucher im November 1982 – er war in Frankfurt zum Besuch der Buchmesse – bei ihnen eintraf. Er sei so ein sympathischer einfacher Mensch gewesen. Die Begleiter hatten im Vorfeld viel Aufhebens gemacht, aber der Dalai Lama bat nur um ein Glas heißes Wasser. Platziert wurde er in der guten Stube der Brückners, auf dem Sofa. Schließlich nahm er auch den angebotenen Tee und ein Stück Kuchen an.

Diese erste Begegnung war Teil eines umfangreichen Besuchsprogramms, das noch stark vom Zeitgeist des Exotisch-Esoterischen geprägt war. Während der Buchmesse – mit dem Motto »Religion von gestern in der Welt von heute« – traf der Dalai Lama die Hopi-Priesterin Carolyn Tawangyowma und in Bonn den Kultkünstler Joseph Beuys. Auch Hamburg, Bonn und das Tibet-Zentrum Wachendorf in der Eifel gehörten zu seinem Reiseprogramm.

Auf der Agenda der Delegation aus Indien dürften auch ernsthafte Begegnungen auf politischer Ebene gestanden haben, denn der Dalai Lama benötigte dringend internationale Anerkennung. Bis auf wenige Politiker vermieden es westliche Regierungschefs jedoch, den Exil-Tibeter zu empfangen. Und wenn überhaupt, dann inoffiziell.

Brückner hingegen mobilisierte seinen Freundes- und Bekanntenkreis. Dr. Bernward Löwenberg, der Landrat, ließ sich nicht lange bitten. Gemeinsam mit Bürgermeister Friedrich Flaccus organisierte er einen Empfang in der Hofheimer Stadthalle. Die Flagge, die man hisste, hatten die Tibeter selbst mitgebracht, aber ein Thron fehlte. Bis der Hausmeister auf die Idee kam, den Lehnstuhl seines verstorbenen Großvaters von zu Hause herbeizuschaffen. Auch Mechthild Trouet lernte den Dalai Lama bei einem offiziellen Essen kennen. Ihr Mann Dr. Klaus Trouet führte als Direktor das Zentralsekretariat des Vorstandes der Hoechst AG. Er knüpfte die Fäden zum Institut für Tibetische Medizin und Astrologie, zu Men-Tsee-Khang, in Dharamsala. Neben ihrem inzwischen verstorbenen Mann hätten an dem Abend weitere Vorstandsmitglieder des Konzerns am Tisch gesessen, erinnert sich Mechthild Trouet.

1 Besuch 1982 bei Familie Brückner in Glashütten, Seine Heiligkeit wird eingerahmt von Hannelore und Friedhelm Brückner und ihren Kindern.

2 Empfang bei der Hoechst AG 1982. Manager Klaus Trouet (rechts) begleitet den Dalai Lama.

3 Gartenfest im Sommer 1984 bei den Brückners. Der Gastgeber heißt den Ehrengast willkommen.

4 Der »Thron« des Dalai Lama, aufgestellt in der Stadthalle Hofheim.

5 In ihrem Garten in Kelkheim bewirtete Mechthild Trouet 1984 den hohen Gast mit selbstgebackenem Kuchen.

1

2

3

4

5

Von dem Austausch versprachen sich offenbar beide Seiten große Vorteile. Tags darauf saß der Dalai Lama mit seiner Entourage, darunter Minister seines Exilkabinetts, im Winnacker-Haus, dem Gästehaus der Hoechst AG in Liederbach. Es sei vermutlich darum gegangen, Produkte der traditionellen tibetischen Medizin durch den Hoechst-Konzern zu vermarkten, berichtet Kelsang Gyaltsen. Er war jahrzehntelang Mitarbeiter der tibetischen Exilregierung und Repräsentant des Dalai Lama in der Schweiz. 1984 begleitete der junge Kelsang Gyaltsen als Assistent und Übersetzer einen Minister des tibetischen Exilkabinetts auf seiner Deutschlandreise. Auch dieser Minister wurde von der Hoechst AG zu Gesprächen eingeladen, um die Idee eines gemeinsamen Projekts zu vertiefen. Eine konkrete Geschäftsbeziehung kam nicht zustande. Die Ärzte des Instituts in Dharamsala hatten Bedenken, ihre Rezepte einem westlichen Konzern anzuvertrauen. Den freundschaftlichen Beziehungen der Familien Brückner, Löwenberg und Trouet zu Seiner Heiligkeit und seinen Mitarbeitern tat dies keinen Abbruch. Klaus Trouet zum Beispiel vermittelte einen ärztlichen Check-up für den Dalai Lama beim leitenden Betriebsarzt Dr. Fritz Schuckmann in Höchst.

Alle Beteiligten erinnern sich noch immer an intensive Kontakte, an die zahlreichen Besuche des Dalai Lama und seiner Mitarbeiter in Hofheim, Glashütten, Kelkheim und Bad Soden. Friedhelm Brückner beherbergte in den Folgejahren immer wieder junge Tibeter auf seinem Firmengelände, wenn diese zu Studienaufenthalten nach Deutschland kamen. Er unterstützte Waisenhäuser der Tibeter in Indien und reiste viele Male selbst nach Dharamsala.

Seiner Heiligkeit war es offenbar wichtig zu erleben, wie deutsche Familien wohnen und leben. Mechthild Trouet buk eigens Kuchen für den hohen Gast, der im Sommer 1984 zu Besuch in den Kelkheimer Drosselweg kam. Die Polizeieskorte war noch überschaubar, die Aufregung in der Nachbarschaft aber groß. Alles versammelte sich im Garten.

Carola Löwenberg, studierte Historikerin, kannte vermutlich als eine von wenigen die Leidensgeschichte ihres Besuchers und seiner Heimat. »Ich hatte mich eingelesen, auch in die Lehren des Buddhismus«, berichtet die Ehefrau des damaligen Landrats. Tochter Nele hat die amüsanten Szenen eines Besuchs von 1983 noch in Erinnerung. Fünf Sorten Tee hätten sie, ihre Schwestern und Freundinnen vorbereitet.

1 1987: Erste Begegnung mit Roland Koch (links) in Hofheim beim Empfang des Landrats Löwenberg (Mitte).

2 Diskussion mit befreundeten Familien im Wohnzimmer von Hofheims Bürgermeister Friedrich Flaccus (rechts).

3 Inoffizielles Treffen 1989 am Frankfurter Flughafen: Landrat Bernward Löwenberg und der Dalai Lama.

4 Rolf Felix, damals Bürgermeister von Hofheim, mit dem Dalai Lama.

5 Der junge Dalai Lama, Karte mit Widmung für Landrat B. Löwenberg.

»Dann bat er um einen Becher heißes Wasser.« Von dem Treffen im Löwenberg'schen Wohnzimmer gibt es zahlreiche Aufnahmen, das Gästebuch führt namentlich alle Begleiter Seiner Heiligkeit auf.

Fast jedes Jahr habe es Begegnungen gegeben, erinnert sich Hannelore Brückner. Jedes Mal, wenn es einen »stop over«, also einen Umstieg am Frankfurter Flughafen auf dem Weg in die USA oder andere Länder gegeben habe, sei man für die wenigen Stunden der Transitzeit in die VIP-Lounge der Lufthansa geeilt. Nele Neuhaus, geb. Löwenberg, und Gabi Brückner gehörten zu den Kindern des Freundeskreises, die Fahrdienste oder Besucherbetreuung übernahmen. 1989, die Übergabe des Nobelpreises stand bevor, ereilte die jungen Frauen ein wichtiger Auftrag: »Ihr fahrt jetzt mal ans Gate und holt Richard Gere ab.« Der US-amerikanische Filmstar gehörte schon damals zu den überzeugtesten Anhängern des tibetischen Buddhismus. Das Problem: Der Star sah nicht wie ein Star aus. »Auf einmal steht da so ein Kleiner mit langen grauen Haaren und einer dicken Brille vor uns«, erinnert sich Nele Neuhaus. »Disappointed?«, habe er gefragt. Anschließend habe man vier Stunden mit ihm in der VIP-Lounge gesessen. Ähnlich erging es Neuhaus auf dem Flughafen Zürich-Kloten. Ihre Chauffeurdienste führten sie damals bis in die Schweiz. Dort musste sie einmal zwei Stunden neben dem Dalai Lama ausharren, bis dessen Flug nach New Delhi startete. »Manche Buddhisten hätten einen Arm für dieses Treffen gegeben. Ich war aber ein Teenager und wusste nicht so recht, worüber wir reden sollten.« Der Dalai Lama habe sie dann über ihr Leben ausgefragt, ihr aus seinem Leben erzählt.

Die Taunus-Community unterstützte den Gast aus Dharamsala nicht nur in Hessen. Die Freunde können sich an Reisen in die Schweiz (zur Feier des 50. Geburtstages des Dalai Lama 1985 im Tibetkloster Rikon) oder nach Berlin erinnern, als kurz nach dem Fall der Mauer ein Kongress stattfand. Der Dalai Lama fuhr damals, begleitet von der Grünen-Politikerin Petra Kelly, zu Gesprächen mit Bürgerrechtlern nach Ost-Berlin. Der junge Markus Trouet betätigte sich als Mauerspecht und schenkte Seiner Heiligkeit ein Stück der Berliner Mauer.

An eine Geste können sich alle erinnern. Ein Mönch habe immer einen ganzen Berg von weißen Schals getragen. Der Dalai Lama habe jedem als Freundschaftsgeste den Kata umgehängt. Es waren eher beschauliche Jahre, Gartenfeste, kleine Gesellschaften, mal eine größere Veranstaltung in der Stadthalle, aber kein großer Bahnhof. Wie Nele Neuhaus sagt: Man kannte ihn kaum. Das sollte sich mit der Verleihung des Nobelpreises 1989 schlagartig ändern.

Die erste Rede vor einem deutschen Parlament

Er galt als härtestes Parlament der Republik. Im hessischen Landtag sei – zumindest verbal – scharf geschossen worden, erinnert sich Dirk Metz, bis 2010 Sprecher der hessischen Landesregierung und langjähriger Beobachter der Politikszene. Für die Grünen Joschka Fischer, für die Freien Demokraten Jörg-Uwe Hahn, für die SPD Armin Clauss und für die CDU deren junger Fraktionsvorsitzender Roland Koch. Das waren Protagonisten der – nicht immer fair verlaufenen – Redeschlachten in den 1980er und 1990er Jahren. »Man habe sich nichts geschenkt«, weiß noch Dirk Pfeil (FDP), einige Jahre Vizepräsident des Landtags, zu berichten. Schließlich hatte es zum ersten Mal seit Jahrzehnten Regierungswechsel mit neuen Koalitionen gegeben. Die Grünen erschienen als neue, vierte Kraft auf dem parlamentarischen Spielfeld.

Umso mehr überraschte die Mehrheit der Abgeordneten 1994 eine Initiative des jungen Chefs der CDU-Fraktion. »Als Roland Koch zum ersten Mal bekanntgab, dass er Kontakte zum Dalai Lama hatte, waren wir alle verwirrt. Das passte nicht.« So beschreibt es Evelin Schönhut-Keil, die damals für die Grünen im Landesparlament saß. Ihr und ihren Mitstreitern lag das Schicksal der Tibeter am Herzen, weil es »sozusagen zur DNA« der jungen Partei gehörte, sich für bedrohte Völker in aller Welt einzusetzen. Aber dass ausgerechnet Roland Koch für die Tibeter eintrat, überraschte quer durch die Fraktionen.

1987, er war mit 29 Jahren gerade in den Landtag gewählt worden, begegnete Roland Koch dem 14. Dalai Lama zum ersten Mal. An das genaue Datum erinnert sich keiner mehr, aber der junge CDU-Politiker ist auf einer Aufnahme aus dieser Zeit zu sehen, wo er mit Politikern und Freunden aus dem Main-Taunus-Kreis das Oberhaupt der tibetischen Buddhisten in Hofheim empfängt. Dort war Seine Heiligkeit förmlich zu Hause, wenn er nach Mitteleuropa kam. Der quirlige Unternehmer Friedhelm Brückner hatte den Dalai Lama schon in seinem Exil in Dharamsala besucht und sah es als seine Aufgabe an, dem »einfachen Mönch« in Hessen Türen zu einflussreichen Persönlichkeiten zu öffnen. »Was ich mir gedacht habe, als ich ihn anfangs in den Achtzigern getroffen habe? Dem Friedhelm Brückner einen Gefallen getan und den Dalai Lama getroffen«, sagt Koch heute. Er war sofort fasziniert von der Ausstrahlung des Dalai Lama und begann, sich zunehmend für das Schicksal der Tibeter zu interessieren. Seitdem habe er Seine Heiligkeit und viele Landsleute getroffen, die religiösen Grundlagen des Lamaismus kennengelernt und die politischen Bedingungen Tibets mit vielen in der deutschen Politik erörtert. Freimütig gesteht er ein, dass allein die Prominenz, der Name, das hohe Amt der Persönlichkeit aus dem Fernen Osten seine Wirkung nicht

Lächelnd Sympathien gewonnen

Beim Besuch des Hessischen Landtags warb der Dalai Lama für die Sache Tibets — und überzeugte

WIESBADEN Lächelnd betritt er den Saal, lächelnd verläßt er ihn wieder. Dazwischen — fast eine Stunde lang — beantwortet der Dalai Lama geduldig die Fragen, die ihm seit Jahrzehnten immer wieder gestellt werden. So, als hörte er sie zum ersten Mal. Das religiöse und politische Oberhaupt der Tibeter im Ausland stattet dem Hessischen Landtag seinen Besuch ab, und das ist noch immer keine Selbstverständlichkeit. Denn die Chinesen, die das Land des Dalai Lama seit Jahrzehnten besetzt halten, sehen es nicht gerne, wenn das tibetische Oberhaupt im Ausland von offiziel-

Diplomatische Probleme

ler Seite empfangen wird. Diplomatische Verwicklungen sind die Folge.

Daß der Dalai Lama nun in Wiesbaden sogar vor einem Parlament sprechen kann, ist das Verdienst des CDU-Fraktionsvorsitzenden Roland Koch, der seit Jahren schon beharrlich für die Sache der Tibeter eintritt — und nun durch diesen Besuch „das Eis gebrochen" sieht. Die chinesische Politik werde sich der neuen Qualität der Beziehungen nicht entziehen können, sagte Koch im Hinblick darauf, daß der Dalai Lama heute in Bonn nicht nur mit dem hessischen Ministerpräsidenten Hans Eichel, der gestern durch den Herzog-Besuch verhindert war, zusammentreffen wird, sondern auch mit Bundesministern und den Fraktionsvorsitzenden.

Vom Leiden seines Volkes spricht der Dalai Lama nicht, als er in seinem bordeauxroten Gewand mit dem gelben Unterteil vor die Abgeordneten tritt. Er redet statt dessen von Güte und Mitgefühl, mit dem sich die Menschen begegnen sollten. Schließlich seien alle Menschen, auch wenn sie aus verschiedenen Rassen kämen, eine Familie. Der innere Friede sei für den Menschen wichtiger als materieller Fortschritt: „Die innere Abrüstung wird einhergehen mit der äußeren. Nur so können wir echten Frieden erreichen." Während ein Dolmentscher die Worte ins Deutsche überträgt, blickt das Oberhaupt der Tibeter ungeniert über, neben, hinter sich, lächelt hier einem Abgeordneten unten im Plenum, dort einem Besucher oben auf der Tribüne zu und verbreitet so eine Fröhlichkeit und Unbeschwertheit, die es in diesem fensterlosen Saal noch nicht gegeben hat.

Als der Dalai Lama nach kaum einer halben Stunde seine Rede beendet, stehen die Abgeordneten spontan auf und danken ihm mit langanhaltendem Beifall. Einer ist nicht mehr dabei: der SPD-Fraktionsvorsitzende Armin Clauss. Der war wenige Minuten, nachdem der Gast seine Ansprache begonnen hatte, aufgestanden und hatte den Saal demonstrativ verlassen, um zum Bundespräsidenten nach Kassel zu fahren. Im Vorfeld des Besuchs hatte Clauss von „Peinlichkeiten" wegen der Terminüberschneidung gesprochen. Sein Auftritt während der Rede wurde nicht nur bei der CDU als äußerst unpassend, wenn auch als typisch empfunden.

Nach der Rede wird der Dalai Lama von Anhängern umringt. Sie sind schneller zur Stelle als die Kabinettsmitglieder, die in Vertretung des Ministerpräsidenten den Gast begrüßen. Landtagspräsident Klaus Peter Möller erhält — wie kurz vor ihm der CDU-Fraktionsvorsitzende Roland Koch — als Geschenk jenen weißen Seidenschal, der den Namen Katak trägt und Symbol für die Reinheit ist. Nachdem er sich in das Gästebuch des Landtags eingetragen hat, tritt der Dalai Lama vor das Landtagsgebäude. Hunderte haben ihn dort erwartet und klatschen ihm begeistert zu, als er sich in einer kurzen Rede an sie wendet. Der Dalai Lama dankt ihnen allen für ihr „ehrliches, aufrichtiges Lächeln". Dann wird er von seinen deutschen und tibetischen Leibwächtern durch die Menschenmenge zum Wagen geleitet. Doch auch im Gedränge ist der Dalai Lama nicht aus der Ruhe zu bringen. Noch immer lächelt er, schüttelt Hände, berührt Tücher, die ihm gereicht werden, verbeugt sich. Dann endlich hat er sein Fahrzeug erreicht. Die Wagenkolonne braust davon, in Richtung Bonn.

Ein Besuch voller Symbolkraft ist damit beendet. Hätte es nicht vor der Rede im Plenarsaal die Pressekonferenz gegeben, hätte der politische Aspekt fast völlig gefehlt. Doch auch dieser gehörte zu der Mission, die das Oberhaupt der Tibeter nach Wiesbaden geführt hatte. Der Dalai Lama arbeitet seit der chinesischen Invasion, die 1949 begann, daran, seinem Volk die Freiheit in Frieden wiederzugeben. Der buddhistische Religionsführer predigt Gewaltlosigkeit, doch von einer Lösung sind die Tibeter heute weiter denn je entfernt. Die Lage seines Volkes habe sich verschlechtert, das Verhältnis zu China sei verhärtet, beklagt der Dalai Lama. Sein Bemühen, auf dem „mittleren Weg" voranzukommen, sei bislang gescheitert. Ihm geht es dabei nicht um die völlige Loslösung von China, die unweigerlich mit Gewalt verbunden wäre, sondern um ein friedliches Nebeneinander, bei dem Kultur und Religion der Tibeter durch China toleriert würden.

Davon könne heute keine Rede sein, beschreibt der Dalai Lama die Situation. Durch Ansieldung von Chinesen in Tibet versuche die Regierung in Peking, dem kleinen Land seine Identität zu rauben. Chinesisch sei schon lange Amtssprache, die Sprache der Tibeter würde immer mehr zurückgedrängt. Für

Unterdrückung durch China

ihn ist das „kultureller Völkermord". Eltern, die wegen der schlechten Schulsituation in Tibet ihre Kinder ins Ausland schickten, würden gezwungen, diese wieder zurückzuholen. Neuerdings dürfe sogar sein Bild nicht mehr gezeigt werden, so der Dalai Lama. Die Chinesen folgten dem Wort, daß man einer Schlange den Kopf abreißen müsse, wenn man sie töten wolle.

Woher er denn die Zuversicht nehme, daß sich diese Situation ändern werde und Deutschland dabei helfen könne, wird er gefragt. Nach Ansicht des Dalai Lama bestehen zwischen Deutschland und China gute Beziehungen. Das könne nützlich sein, die Chinesen vom Vorteil des „mittleren Weges" zu überzeugen. Schließlich schade es auch dem Image Chinas, wenn immer wieder auf die Verletzung der Menschenrechte in Tibet hingewiesen werde.

CHRISTOPH RISCH

Beim Bad in der Menge: Als der Dalai Lama das Landtagsgebäude verließ, erwartete ihn eine große Schar von Anhängern, die das Oberhaupt der Tibeter begeistert feierte. Fotos: Eckhardt

Soviel Fröhlichkeit war ansteckend: der Dalai Lama im Plenarsaal des Landtags.

Als Gastgeschenk für Landtagspräsident Klaus Peter Möller hatte der Dalai Lama einen weißen Seidenschal aus seiner Heimat mitgebracht — ein Symbol für die Reinheit.

Weiße Blumen für den Dalai Lama: Bei seinem Besuch im Hessischen Landtag stieß das Staats- und Religionsoberhaupt nicht nur bei seinen Anhängern auf viel Sympathie.

Der Kampf für die Freiheit

Dalai Lama seit 36 Jahren im Exil / Viele Ehrungen und große Demütigungen

WIESBADEN/BONN „Meine Kraft ist die Wahrheit und Beharrlichkeit", hat der Dalai Lama immer wieder gesagt. Mit dieser Haltung setzt sich das heute 59jährige geistliche Oberhaupt der Tibeter seit 1959 im indische Exil für die Befreiung Tibets von chinesischer Fremdherrschaft ein. Aus dem einstigen Gottkönig ist ein moderner buddhistischer Religionsführer geworden, der in einem freien Tibet eine demokratische Regierung nach westlichem Vorbild sowie die Trennung von Religion und Staat wünscht.

In den 36 Exiljahren hat der Dalai Lama erbitterten Widerstand der Chinesen erfahren, die stets dagegen protestierten, wenn der Religionsführer in anderen Staaten offiziell empfangen wurde. Selbst nach der Verleihung des Friedensnobelpreises 1989 hielten die Demütigungen

Friedensnobelpreis

auf Druck Pekings an. So verzichtete der Dalai Lama 1994 auf die Teilnahme am Festakt zum Stadtjubiläum in Frankfurt, was angeblich nach einem diskreten Wink aus dem Außenministerium in Bonn erfolgte.

Bei seinem gegenwärtigen Deutschlandbesuch wird der Dalai Lama aber nun von Bundesaußenminister Klaus Kinkel sowie Vertretern der großen Parteien empfangen. Politiker reißen sich neuerdings regelrecht um ein Treffen mit dieser Persönlichkeit, die unter anderen auch mit US-Präsident Bill Clinton in Washington zusammengetroffen war.

Der Dalai Lama wurde am 6. Juli 1935 als Tenzin Gaytso, Sohn armer Bergbauern, im Nordosten Tibets geboren. Mit zwei Jahren wurde er entsprechend tibetischer Tradition als Wiedergeburt des 13. Dalai Lama anerkannt. Mit der Inthronisation in Lhasa begann die Erziehung des kleinen Knaben zum Gottkönig nach einem Protokoll, das mit dem am Hofe des letzten Kaisers von China vergleichbar war.

Als er 24 war, kam es 1959 nach langjährigen politischen Streitigkeiten mit der chinesischen Führung in Peking zum Bruch. Das geistliche und weltliche Oberhaupt Tibets flüchtete aus dem historischen Potala-Palast. Ein einfaches Holzhaus in Nordindien wurde neues Domizil. Nach Jahren der Einkehr entschloß sich der Dalai Lama zur Öffnung nach dem Westen. Die katholische Kirche nahm als erste Gemeinschaft den offiziellen Dialog mit ihm auf. Diese Beziehungen bildeten den Auftakt zu „Pilgerreisen" nach Europa, USA und Australien. Auf ihnen hat der Dalai Lama es stets verstanden, „in Demut und Beharrlichkeit" das Interesse an der Tibetfrage wachzuhalten.

Der Bundesrepublik, der Schweiz und Österreich galt von Anfang an besonderes Interesse des Dalai Lama. Diese Länder hatten auch tibetische Gelehrte, Mönche und junge Menschen aufgenommen, die Arbeit und Ausbildung suchten. „Die stillen Gesten der Humanität sind Zeichen menschlicher Größe", anerkennt der Dalai Lama, dem in früheren Jahren kaum prominente Persönlichkeiten beistanden. Um so treuer hielt sein Volk im Exil zu ihm. In kürzester Zeit folgten 70000 Tibeter ihrem Gottkönig über die Berge nach Indien.

Anstatt zu betteln, verdingten sich die Tibeter im Straßenbau für einen Hungerlohn, entwickelten Kunstgewerbe und fertigten Teppiche. „Die Stärke meines Volkes sind der Glaube, die Anspruchslosigkeit, der Fleiß und die Würde, die selbst bei den Ärmsten anzutreffen sind", bekannte der Dalai Lama.

Er selbst, so meint der als „Ozean der Weisheit" bezeichnete Religionsführer, wolle „schlichter Mönch" bleiben. Dies praktiziert er seit Jahrzehnten. Er besitzt nach Angaben aus seiner Umgebung weder Reichtum noch prachtvolle Gewänder, sondern acht Mönchskutten, drei Paar Sandalen, zwei Paar braune Schuhe, ein Paar Stiefel und ein Paar schwarze Schuhe. Er ißt außer Fisch und Hühnchen kein Fleisch, trinkt Tee auch von Wald- und Wie-

Ein schlichter Mönch

senkräutern mit Honig, begnügt sich mit hausgemachten dünnen Brotfladen, verzichtet auf Zigaretten und Alkohol.

Sein Stolz ist ein kleiner Tempel, den Mönche wertvoll auszugestalten versuchen. In seiner Residenz im indischen Landhaus-Stil verfügt er über ein Radio, einen aus Europa geschenkten Videorekorder und ein Fernsehgerät. Fernsehen gehört wie Zeitungen und Bücher zu seiner bevorzugten Freizeitbeschäftigung.

„One must know what is going on!", lacht das Oberhaupt der Tibeter seinen Besucher durch eine randlose Brille vergnügt an. „Man muß wissen, was los ist!"

JOE F. BODENSTEIN

verfehlt habe. Daher habe er das später nie jemandem vorgeworfen, der aus diesen Gründen die Nähe zu dem charismatischen Religionsoberhaupt suchte.

Im Dezember 1994 war Koch gebeten worden, anlässlich der Premiere des Films »Ein Volk will leben« von Friedhelm Brückner in der Paulskirche einen Festvortrag zu halten. Damals beschrieb er, wie sehr die Existenz der Tibeter als Volk bedroht ist und warum er sich für deren Oberhaupt einsetzte. Tibet sei beim Einmarsch der Chinesen 1950 noch ein unabhängiger Staat gewesen: mit einer eigenen Bevölkerung, einer Hauptstadt, einem Staatsoberhaupt, einer Regierung, einer Nationalversammlung, eigener Verwaltung und Gerichtsbarkeit und einer eigenen Sprache. Aber nur zwei Länder, die Mongolei und Nepal, hatten das Land als Staat anerkannt. Koch sprach von schlimmen Bedrohungen. China arbeite konsequent daran, die tibetische Kultur auszulöschen und die Eigenständigkeit des Volkes zu beenden. Er berichtete von konkreten Maßnahmen: Chinas Regierung hatte Eltern in Tibet unter massiven Drohungen aufgefordert, ihre Kinder aus tibetischen Schulen in Indien zurückzuholen. Geschätzt wurde, dass ungefähr 6000 Kinder den beschwerlichen Weg durch den Himalaya gewagt hatten, um in Schulen unterrichtet werden zu können, die der Dalai Lama gemeinsam mit der Exilregierung in Indien eingerichtet hatte. In der autonomen Region Tibet waren schon damals die etwas mehr als drei Millionen Tibeter in der Minderheit. Die Regierung in Peking hatte Hunderttausende von Han-Chinesen zwangsumgesiedelt, hinzu kamen Tausende Wanderarbeiter. Man zählte schon damals 1,2 Millionen Tibeter, die seit 1950 umgekommen waren: Getötet beim Einmarsch der Chinesen, verhungert in der Kollektivierungskampagne, umgebracht in der Kulturrevolution. Sichtbare Zeichen für den Angriff auf die tibetische Kultur waren auch die Zerstörung und Schließung von 6000 Tempeln und Klöstern.

Kochs Fazit: »Ein Volk, dem man die nationale und kulturelle Identität nimmt, hört auf zu leben.« Viele Völker seien ähnlich bedroht. Aber die Tibeter zeichne aus, dass sie gewaltlosen Widerstand leisteten. Dafür, so konnte Koch damals argumentieren, war der Dalai Lama 1989 mit dem Friedensnobelpreis ausgezeichnet worden. »Weil er die Anwendung von Gewalt konsequent ablehnt ... auf der Grundlage von großer Ehrfurcht vor allen Lebewesen ...«, zitierte er aus der Begründung des Nobel-Komités.

Trotz dieser internationalen Auszeichnung scheuten sich die meisten Regierungen der Welt nach wie vor, den Dalai Lama offiziell zu empfangen. Sie wichen dem massiven Druck, den die chinesische Regierung auf Gastgeber ausübte. Besonders skurril gerieten die Kontakte in Deutschland. Zwar empfing Bundespräsident Richard von Weizsäcker das Oberhaupt der Tibeter im Oktober 1990 auf Schloss Bellevue, das Protokoll nannte dieses Treffen aber einen Privatbesuch. Es war das erste Mal, dass ein

Das historische Ereignis im Landtag war dem Wiesbadener Kurier am 4. Mai 1995 eine ganze Seite wert.

1

2

3

westliches Staatsoberhaupt den im indischen Exil lebenden Dalai Lama empfing, mehr als 30 Jahre nach dessen Flucht aus Tibet. Die Chinesen reagierten auch hier sofort, bestellten den deutschen Botschafter in Peking ein und beschwerten sich darüber, dass sich die Deutschen »in unverschämter Weise in Chinas interne Angelegenheiten« einmischten.

Drei Jahre zuvor war Bundeskanzler Kohl bei einem Chinabesuch auch kurz in Tibets Hauptstadt Lhasa gewesen. Beobachter empfanden diese Visite als kontraproduktiv für die tibetischen Bemühungen um Eigenständigkeit. Ein Angebot des Dalai Lama-Botschafters für Mitteleuropa, das Kanzleramt vorher über die Menschenrechtslage in Tibet aufzuklären, wurde abgeblockt.

Das war insofern konsequent, als dass die Bundesregierung noch im Oktober 1986 auf eine Kleine Anfrage der Grünen zur Lage der Tibeter geantwortet hatte: »Es besteht der Eindruck, daß sich infolge der Reformpolitik der chinesischen Regierung die Lebensverhältnisse der tibetischen Bevölkerung in politischer, wirtschaftlicher, sozialer und kultureller Hinsicht spürbar verbessert haben. Diese Politik der VR China ist langfristig angelegt. Daher ist zu erwarten, daß sich die Lage der tibetischen Bevölkerung weiter verbessern wird. Über einzelne Perioden lassen sich Aussagen nicht treffen.«

In seiner Paulskirchenrede erinnerte Koch im Dezember 1994 daran, dass der chinesische Ministerpräsident Li Peng erst kürzlich in Deutschland freundlich empfangen worden sei, fünf Jahre nach dem Massaker auf dem »Platz des himmlischen Friedens« in Peking. Und er erwähnte den diplomatischen Skandal aus dem Februar 1994. Damals sagte der Dalai Lama eine geplante Reise nach Frankfurt ab. Allerdings nicht freiwillig. Der Magistrat hatte ihn eingeladen, am Festakt aus Anlass der 1200-Jahr-Feier der Stadt mit Frankreichs Staatspräsident Mitterrand und Bundespräsident von Weizsäcker teilzunehmen. Das Außenministerium hatte die Kommune daraufhin informiert, dass es deswegen zu massiven Schwierigkeiten mit China kommen könne. Durch den Magistrat wurde dem Oberhaupt der Tibeter nahegelegt, seine Teilnahme abzusagen. Was dann auch geschah.

Der Dalai Lama brauche entschlossenere Unterstützung, insistierte Koch im Dezember. »Ich setze mich ein, weil ich hoffe, dass es an vielen Plätzen auf der Welt aber auch an vielen Orten in diesem Land und vielen Gremien auch meiner Partei am Ende doch noch genug Menschen gibt, die diesem Einsatz folgen.« Zu diesem Zeitpunkt hatte der CDU-Fraktionsvorsitzende bereits einige Kollegen im Landtag für seine Idee erwärmen können. Sein späterer Pressesprecher Dirk Metz erinnert sich, dass es keine leichte Arbeit gewesen sei, den damaligen Landtagspräsidenten Karl Starzacher (SPD) zu überzeugen. Starzacher und

1 Drangvolle Enge beim Verlassen des Landtagsgebäudes.
2 Auf dem Schlossplatz wurde der Dalai Lama von einer großen Menschenmenge begrüßt.
3 Der damalige CDU-Fraktionsvorsitzende Roland Koch im vertrauten Gespräch mit dem hohen Gast.

1

2

3

der FDP-Kollege Dirk Pfeil gehörten aber anschließend zu der fast schon verschworenen Gruppe von Unterstützern des Dalai Lama, quer durch alle im Landtag vertretenen Parteien hinweg. Pfeil kannte Friedhelm Brückner und wusste um dessen guten Kontakte zu den Tibetern. Er sprang später bereitwillig bei, wenn Dienste im Hintergrund gefragt waren. Auch Karl Starzacher ließ sich von dem Engagement für die Exil-Tibeter anstecken,sodass er 2006 an einer Delegationsreise nach Indien teilnahm. Letztlich waren sich alle Fraktionen darin einig, den Dalai Lama für den 3. Mai 1995 zu einem offiziellen Besuch in den hessischen Landtag einzuladen. Ein Politikum – der erste Auftritt des damals noch religiösen *und* politischen Oberhaupts der Tibeter im Exil in einem deutschen Parlament.

Ausgerechnet an diesem Tag stattete auch der neugewählte Bundespräsident Roman Herzog dem Bundesland Hessen seinen Antrittsbesuch ab. Dirk Metz erinnert sich, dass es ein Drahtseilakt gewesen sei zu vermeiden, dass die beiden prominenten Gäste einander begegneten. Erstaunt und ein bisschen naiv fragte ein Reporter der Frankfurter Rundschau, warum man die Gelegenheit nicht für ein Treffen der beiden genutzt habe. Dazu sei die Zeit zu knapp gewesen, lautete die Begründung aus dem Büro des Staatsoberhauptes. So durfte Parlamentspräsident Klaus Peter Möller am selben Tag gleich zwei Mal alle Abgeordneten zu einer Sondersitzung zusammenrufen. Um 14 Uhr begrüßte der Herr des Hauses seinen Gast aus Nordindien. Wie das Protokoll vermerkt, waren Möllers Worte deutlich: »Eure Heiligkeit, wir begrüßen in Ihnen das geistige und im Bewußtsein seines Volkes auch weltliche Oberhaupt eines Landes, das uns Europäern auf dem Dach der Welt jahrhundertelang weit entrückt schien.«

Der Dalai Lama hatte schon im September 1987 in Washington einen Fünf-Punkte-Plan unterbreitet. Demnach sollten alle tibetisch geprägten Regionen und Provinzen zu einer Gebietseinheit zusammengefasst und von einer demokratisch zu wählenden Regierung geführt werden. Den Status eines unabhängigen Staates und eine Rolle für sich als Staatsoberhaupt hatte der Dalai Lama damit nicht mehr beansprucht. Peking hatte auf diese Vorschläge nie offiziell geantwortet. Möller erinnerte daran, dass Tibet de facto beim Einmarsch der chinesischen Volksbefreiungsarmee unabhängig gewesen sei und erst das erzwungene 17-Punkte-Abkommen von 1951 die Eingliederung in die Volksrepublik zur Folge hatte. Die sich anschließende Rede des Dalai Lama dauerte nur eine halbe Stunde, aber sie zeitigte Folgen der unterschiedlichsten Art. Präsident Möller meinte hinterher bei der Verabschiedung: »Ich kann mich nicht erinnern, dass das Haus je so einmütig und einstimmig mit einer Standing ovation einem Redner gedankt hat.« Journalisten schrieben von tosendem Beifall und von Gänsehaut. Viele meinten, es sei weniger das

1 Die erste Rede des Dalai Lama im Landtag erhielt einmütige Zustimmung.

2 Der Dalai Lama beschenkt Landtagspräsident Klaus Peter Möller mit einer Kata.

3 Eintrag in das Gästebuch des Landtags.

gewesen, was Seine Heiligkeit gesagt habe, sondern wie er mit seinen Zuhörern kommunizierte. »Er hat erst einmal herzhaft gelacht, als er zum Rednerpult hinabstieg«, erzählt Evelin Schönhut-Keil.

Der Dalai Lama sprach über Mitmenschlichkeit und die Verantwortung eines jeden Einzelnen für das Wohlergehen auf der Welt. Er beschrieb die interreligiösen Anstrengungen, an denen er sich beteiligt hatte. Erst im zweiten Teil kam der Gast auf Tibet zu sprechen. Aufgrund seiner Berufung zum 14. Dalai Lama setzten die Tibeter ihre Hoffnung auf ihn, und er fühle eine moralische Verantwortung. »Die Lage in Tibet hat sich verschlechtert«, beschrieb er den Zustand seiner Heimat. Auch die Modernisierungen durch die Chinesen hätten nicht aufwiegen können, was an Zerstörungen vorausgegangen sei. Alle Bemühungen, China an seine Versprechungen bezüglich einer Autonomie zu erinnern, seien fehlgeschlagen, Vorschläge zu einer Einigung blieben unbeantwortet. Er appellierte an das Parlament, »sich persönlich, aber auch gemeinsam darum zu bemühen, dass auf dem Weg der Verhandlungen eine gerechte Lösung für das tibetische Problem gefunden wird.« Er hoffe, dass der buddhistische Weg der Gewaltlosigkeit auch viele vor allem junge Chinesen nicht unberührt lasse.

Während Dolmetscher Christof Spitz jeweils Textpassagen vom Tibetischen ins Deutsche übersetzte, lächelte Seine Heiligkeit die Zuhörer im Saal an. Später bemerkte er Zaungäste im oberen Bereich der Tribüne und in der Regie des Saales und winkte den Beobachtern zu. Ein Korrespondent schrieb: »Er verbreitete so eine Fröhlichkeit und Unbeschwertheit, die es in diesem fensterlosen Saal noch nicht gegeben hat.«Roland Koch beobachtete: »Tenzing Gyatso fand es besonders lustig, mit den Technikern und den TV-Leuten auf der Brüstung zu spaßen. Das hat auch das Plenum eingefangen. Alle diese Kameraleute werden bis heute sagen, der hat zu mir geguckt.« Sein Vertrauter Dirk Metz fügt hinzu: »Das war extrem beeindruckend. Selbst hartgesottene Abgeordnete waren von dieser Rede total beseelt.«

Die Abfahrt vor dem Landtag verzögerte sich. Zum ersten Mal erlebte der Dalai Lama die Anhänglichkeit vieler Freunde und Unterstützer in dieser Form in Hessen. Der Schlossplatz sei schwarz vor Menschen gewesen, schrieb ein Journalist. Blumensträuße wurden gereicht. Dieter Beine, heute Protokollchef der Landesregierung, damals Büroleiter bei Roland Koch, sah, wie tibetische Eltern dem Dalai Lama Babys zur Segnung über die Köpfe der Menge hinweg reichten. Umringt von seinen Mitarbeitern und Personenschützern nahm der Dalai Lama kurz ein angebotenes Mikrofon zur Hand und bedankte sich für die Aufmerksamkeit.

Dieser Frühsommer erzeugte die Illusion eines Tauwetters in den offiziellen Beziehungen zwischen den Exil-Tibetern und Deutschland. Die Grünen-Partei in Hessen sah »das diplomatische Wegtauchen« als beendet an, Roland Koch nannte die Wiesbadener Begegnung einen »Meilenstein im Engagement der Deutschen für die Menschenrechte in Tibet«. Er hoffte, dass auch die Bundesregierung ihre Zurückhaltung aufgeben werde, nachdem der Landtag »auf sehr eigene Weise Einfluss auf die deutsche Politik genommen hat«.

Doch die Hessen, allen voran der junge CDU-Fraktionsvorsitzende, mussten hinnehmen, dass das offizielle Bonn immer noch sehr zurückhaltend mit dem exilierten Staatsoberhaupt umging. Die Presse ordnete Koch gemeinsam mit dem ehemaligen Bundesminister und Bundestagsabgeordneten Christian Schwarz-Schilling der kleinen Gruppe von CDU-Außenseitern zu, die sich zu Menschenrechten äußern. Sollte heißen: Die Mehrheit dachte anders.

In Hessen hatte sich Ministerpräsident Hans Eichel (SPD) zu einem Treffen mit dem Dalai Lama bereit erklärt, solange er selbst nicht Gastgeber sein müsse. Ein Besuch bei Außenminister Klaus Kinkel (FDP) in Bonn geriet schnell peinlich: Kinkel verweigerte, dass ihm der Dalai Lama den traditionellen weißen Schal als Geste der Höflichkeit um den Hals hing. Weitere Gespräche beschränkten sich auf führende Mitglieder des Bundestags und auf Kanzleramtsminister Friedrich Bohl. Offenbar hatte ein Protest des Botschafters der Volksrepublik China »gegen die Wahrnehmung des Dalai Lama in Deutschland« eine Woche vor dem Besuch seine Wirkung nicht verfehlt.

Dessen ungeachtet existiert seit diesen Tagen im Mai 1995 eine Art überparteilicher Pakt in Hessen, der sich der Unterstützung der Sache der Tibeter und ihres Führers, des Dalai Lama, verschrieben hat. »Manche sagten, das ist eine Eintagsfliege von Koch, das geht vorbei. Bis die gemerkt haben, dass der Koch nicht nur den Dalai Lama, sondern die ganze tibetische Community kannte«, erinnert sich der Initiator. Das habe zu einer demokratischen Allianz geführt, die auf eine bestimmte Art bis in die Gegenwart fortbestehe.

Otto Graf Lambsdorff (FDP) förderte die Beziehungen zu den Exil-Tibetern als Vorsitzender der parteinahen Friedrich-Naumann-Stiftung so intensiv, dass China deren Niederlassung in Peking schloss. Mit dessen Parteifreund, Außenminister Klaus Kinkel habe nicht nur er, sondern auch Lambsdorff die größten Probleme gehabt, berichtet Koch. Ausgerechnet diejenigen, mit denen Koch sonst in Hessen über Kreuz lag, gehörten in der Tibetfrage zu seinen größten Verbündeten. Joschka Fischer etwa: Er traf das geistliche Oberhaupt der Tibeter drei Mal, auch in seiner Zeit als Außenminister nach 1999. Er bekräftige zwar, dass Deutschland wie alle EU-Partner Tibet als Teil Chinas ansehe, aber er unterstützte den Anspruch der Tibeter auf religiöse und kulturelle Autonomie.Obwohl viele Sozialdemokraten wegen ihrer Sympathie für China und ihrer »ökonomisch-merkantilistischen« Einstellung wenig Interesse für Tibet und dessen Schicksal zeigten, nimmt Koch Frank-Walter Steinmeier von seiner Kritik aus. Als dieser Außenminister gewesen sei, habe man auch gestritten, aber Steinmeier habe sich anders als sein Vorvorgänger Kinkel mit der Materie inhaltlich beschäftigt, so Koch später.

Angela Merkel (CDU) sollte es schließlich vorbehalten sein, als erste und bisher einzige Regierungschefin, den Dalai Lama offiziell im Bundeskanzleramt zu empfangen. Das war 2007, zwölf Jahre nach dem ersten Auftritt des Dalai Lama im hessischen Landtag.

1

2

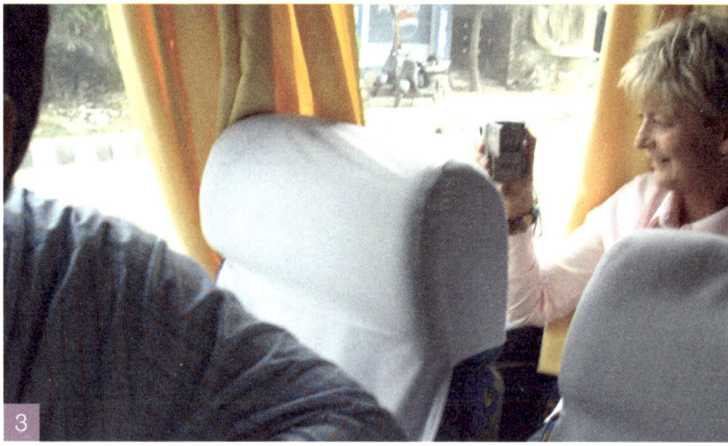

3

Die Delegationsreise nach Dharamsala

»Es war kalt, nass, ab und zu fiel der Strom aus.« An die Begleitumstände dieser Reise erinnern sich die meisten Teilnehmer. Ein Journalist wusste zu berichten, dass ausgerechnet dieser 5. Februar 2005 der kälteste Tag des Jahres in dem kleinen nordindischen Städtchen gewesen sei. Von Schneeregen ist die Rede und davon, dass jemand mit zwei Hosen, Decken und einer Wärmflasche in seinem Hotelbett übernachtet habe.

Dharamsalas kleiner Vorort McLeod Ganj liegt auf etwa 1800 Meter über dem Meeresspiegel. Auf dem Subkontinent soll es nur wenige Regionen geben, auf die der Monsunregen ergiebiger fällt als hier im Nordwesten des Bundesstaates Himachal Pradesh. 1960 wies der indische Ministerpräsident Jawaharlal Nehru dem jungen 14. Dalai Lama dieses gottvergessene Fleckchen Erde als Ort für sein Exil an. »Wir kamen uns vor, als sollten wir aus dem Blickfeld gerückt werden«, soll der damals 25 Jahre junge Mann gesagt haben, der in seiner Heimat Tibet als Gottkönig verehrt wurde und wird.

Aus Dharamsala wurde Klein-Lhasa, Tausende Tibeter nahmen den Weg über das Himalaya-Gebirge in Kauf, überquerten unter Lebensgefahr Pässe in fast 6000 Meter Höhe, um ihrem Oberhaupt ins Exil zu folgen. Denn obwohl Tibet an dieser Stelle nur etwas mehr als hundert Kilometer entfernt ist, sorgen die Lage an einem Berghang und die Unzugänglichkeit dafür, dass die Tibeter weitgehend unter sich blieben. Auf einem rund zwei Hektar großen Gelände entstand im Laufe der Jahrzehnte eine Kleinstadt, die zugleich ein Regierungsviertel bildet – den Thekchen Choeling, der aus 18 Bungalows besteht. Gesäumt von Tempeln, einem Museum, einem Institut für tibetische Medizin, dem Institute of Performing Art und Schulen für den Unterricht in tibetischer Sprache. Außerdem Heime für Tausende von Waisenkindern.

Diese geographische Abgeschiedenheit ist vermutlich weniger ausschlaggebend für den Umstand, dass das exilierte Oberhaupt der Tibeter selten hohen Besuch bekam und bekommt. Danielle Mitterrand, die Gattin des französischen Staatspräsidenten, Otto Graf Lambsdorff, als er schon nicht mehr

1 Der Dalai Lama empfängt die Delegation in seinen privaten Räumen in Dharamsala. Es ist das erste Zusammentreffen der Delegation mit Seiner Heiligkeit, dem 14. Dalai Lama.

2 Flughafen-Vorstand Stefan Schulte kümmert sich in Indien persönlich um das Gepäck der Delegation.

3 Ann Kathrin Linsenhoff erstellt begeistert eine Fotodokumentation der besonderen Reise mit Ministerpräsident Koch nach Indien.

1

2

3

4

Bundesminister war und eine Reihe von US-Senatoren werden als prominenteste Gäste genannt. Dezent weisen Regierungen darauf hin, dass erstens diese Exilregierung von keinem Staat der Erde offiziell anerkannt sei, und zweitens die indische Regierung »not amused« reagiere, wenn nur wenige hundert Kilometer von der chinesischen Grenze entfernt einer von Chinas hartnäckigsten Widersachern Staatsbesuche empfange.

Für Roland Koch, den Ministerpräsidenten des Bundeslandes Hessen, ging mit dieser Reise ein Traum in Erfüllung. Hätte man den Deutschen Botschafter in Delhi oder Vertreter der indischen Regierung gefragt, hätten sie wohl eher von einem Albtraum gesprochen. Offiziell reiste eine 60-köpfige Delegation, bestehend aus Politikern, Journalisten, Unternehmern und Mitarbeitern des Landes Hessen vom 31. Januar bis 10. Februar 2005 nach Indien, um Wirtschaftskontakte zu knüpfen und zu vertiefen. Die Chinesen hatten von der beabsichtigten Reise erfahren und schon vorher heftig protestiert. Außenminister Joschka Fischer habe nicht gepasst, dass sich ein Ministerpräsident in die internationalen Beziehungen, vor allem zu China, einmische. Das war ihm so wichtig, dass er dem Delegationsleiter noch auf dessen Reise eine entsprechende Depesche hinterherschickte. Die Nachrichtenagentur Agence France Presse meldete: Trotz tiefer Bedenken New Delhis gegenüber solchen Kontakten habe Koch während seiner offiziellen Indienreise den Dalai Lama besucht. Es sei eine strikt private Visite, berichtete ein Mitarbeiter der tibetischen Exilregierung der Agentur am Telefon. Über Inhalte könne man daher nicht sprechen. Koch werde von einer Delegation begleitet, fügte er hinzu. Die Deutsche Botschaft habe es abgelehnt, diese Reise zu kommentieren. Koch selbst erinnert sich, dass die indische Regierung ihm schlichtweg verboten hatte, mit allen Teilnehmern nach Dharamsala zu fahren. Hintergrund war, dass die Inder kurz vor einem Gipfeltreffen mit den Chinesen standen und keinen Ärger im Vorfeld riskieren wollten.

Zwar hatten einige Wirtschaftsvertreter – mit Rücksicht auf ihre chinesischen Geschäftspartner – für diesen Teil der Reise bereits abgesagt, doch blieben noch gut 40 Begleiter übrig. Mehr oder weniger deutlich gab die Deutsche Botschaft dem Delegationsleiter zu verstehen, dass man ihm bei diesem Teil der Unternehmung nicht werde helfen können. Für Koch kam das einer Blockade gleich. Er griff zu einer

1 Der Dalai Lama spricht mit Ministerpräsident Roland Koch und den Vertretern aller Parteien im hessischen Landtag u. a. über die Lage der Tibeter in ihrem Heimatland.

2 Gruppenbild mit dem Gastgeber im Audienzsaal von Dharamsala.

3 Jedes Delegationsmitglied hat der Dalai Lama persönlich mit der Kata, dem Schal der Freundschaft, ausgezeichnet.

4 Für Lutz Raettig und Frank Auth die erste Begegnung und der Beginn einer langen Freundschaft.

1

2

3

4

List: »Formell habe ich der indischen Regierung erklärt, dass ich mit fünf Abgeordneten dorthin reise.« Anschließend schnappte er sich die Journalisten und gab ihnen den Hinweis, dass der Norden Indiens touristisch sehr interessant sei. Falls sie also in Dharamsala auftauchten, werde er sie als letzter davon abhalten, an der Audienz Seiner Heiligkeit teilzunehmen. Die interessierten Manager und Unternehmer hatte er von vornherein entsprechend informiert. Das Ergebnis: »Am Abend waren dann alle im selben Hotel.«

Was der Ministerpräsident a.D. heute beiläufig erzählt, hört sich bei vielen Teilnehmern wie eines der größten Abenteuer ihres Lebens an. Von der Atmosphäre her ähnelte es einer Klassenfahrt. In nur kleinen Gruppen konnte man nach sechs Stunden Wartezeit per Klein-Flugzeug und anschließender Bustour ans Ziel gelangen. Von Teilnehmern, die an der Raststätte beinahe vergessen worden wären und von verschwundenen Koffern ist die Rede, bis hin zu der Anekdote, dass vier kräftige Mitreisende einen querstehenden Pkw von der Straße heben mussten, damit es weiterging. Im Rückblick spricht der damalige F.A.Z.-Reporter Wulf Schmiese von einer »sehr rumpeligen Reise«. Dieses Rumpeln und die Eindrücke vom Besuch der Residenz des Dalai Lama verfehlte seine Wirkung nicht. Die Gruppendynamik, meinte Koch später, habe bis heute erhebliche Nachwirkungen. Schmiese nennt ein Beispiel: Auf einer dieser Busfahrten habe er die Landtagsabgeordnete der Grünen, Evelin Schönhut-Keil, gefragt, mit wem ihre Partei in Hessen mal koalieren könnte. Sie habe wortlos auf Koch gezeigt. Der führte damals eine Alleinregierung der CDU und galt bei den Grünen noch als »Gottseibeiuns«. Bekanntlich kam es zu einer schwarz-grünen Koalition erst viele Jahre später – unter Kochs Nachfolger Volker Bouffier.

Die Reise nach Dharamsala gilt nach der gemeinsamen Initiative des Landtags von 1995 als grundlegende Erfahrung für gemeinsames hessisches Handeln in der Tibetfrage. Spätestens seit diesem Zeitpunkt gab es eine Geschlossenheit im Verhalten gegenüber den Tibetern und dem Dalai Lama, die auch die Chinesen beeindruckte. Sorgfältig ausgewählt waren die Vertreter der Fraktionen. Neben Landtags-Vizepräsidentin Schönhut-Keil (Die Grünen), fuhren Jürgen Walter (SPD), Jörg Uwe Hahn (FDP) und Franz-Josef Jung (CDU) mit, alle drei amtierten zu dieser Zeit als Vorsitzende ihrer jeweiligen Fraktion.

1 Die Tibeter im Exil lauschen der Ansprache von Ministerpräsident Roland Koch.

2 Samdung Rinpoche, ehemaliger Ministerpräsident der Tibeter im Exil, führt Roland und Anke Koch durch die Räume der Exilregierung in Dharamsala.

3 Blick auf »Klein-Lhasa«, den Exilsitz der Tibeter im nordindischen Dharamsala.

4 Auf dem Weg vom Domizil des Dalai Lama zu den Gebäuden des Tibet Children Village, wo die aus Tibet geflohenen Waisenkinder untergebracht werden.

»Als wir ankamen, war es eine ganz andere Welt. Das alles schweißte die Delegation unglaublich zusammen«, fällt Ann Katrin Linsenhoff bei der Erinnerung an die Reise ein. Die Unternehmerin, Olympiasiegerin im Dressurreiten und Vorsitzende von Unicef Deutschland, weiß noch, wie die stundenlange Busfahrt auf sie wirkte. Man habe viel mehr Zeit gehabt, Land und Leute zu beobachten. So erging es vielen Mitreisenden auch. Diese gemeinsame Reise trug dazu bei, dass sich hier ein Kreis fand, der mehr als ein Jahrzehnt lang auf privater Basis viele Besuche des Dalai Lama in Hessen organisierte und finanzierte. Sie nennen sich »Freunde für einen Freund«. Zu den Gründern gehört der heutige Vorsitzende des Vereins, Frank Auth, Partner einer Beratungsgesellschaft in Frankfurt. Dem Trip nach Dharamsala schloss er sich aus Neugierde an. »Das ist eine weltbekannte Persönlichkeit, dachte ich, einmal im Leben bekommt man die Gelegenheit, so jemanden persönlich treffen zu können. Fährste mal mit.«

Auth überwältigte die Präsenz des Gastgebers im Audienzsaal. Erst habe man ihn gar nicht bemerkt, »er war gekleidet wie seine Mönche und Untergebenen, die da vorne herumwuselten«. Es gab keinen Tusch, keine Lichtshow, er war einfach da. Es folgte eine Ansprache des Dalai Lama, Gespräche mit den Politikern und eine Gesprächsrunde mit den Teilnehmern der Delegation. »Ich hatte den Eindruck, er lebt und verkörpert das, was er sagt, zu einhundert Prozent. Diese vollkommene Authentizität, das hatte ich noch bei keinem Menschen zuvor erlebt.« Bei der späteren Verabschiedung bekamen alle Gäste aus der Hand des Dalai Lama die Kata, den weißen Schal, überreicht. Für jeden gab es ein paar Worte der Zuwendung. »Er hängte ihn mir über die Schultern und umfasste meine Hände von außen. In diesem Moment habe ich die vollkommene Fokussierung des Dalai Lama auf diesen Moment und meine Person gespürt. Da war nichts anderes, kein Vorher, kein Nachher, kein Denken, sondern nur pures Sein im Hier und Jetzt. Das hatte eine unglaubliche Energie und war gleichzeitig vollkommen entspannend. Auf mich wirkte das wie ein Boost. Vom Denken befreit zu sein und das pure Sein zu fühlen, war eine beglückende neue Erfahrung. Das Gefühl spüre ich noch heute.«

Vertraut mit den Gepflogenheiten und den vielen Menschen aus der Umgebung des Dalai Lama waren Roland und Anke Koch. Sie wohnten im Haus einer Schwester und eines Schwagers des Dalai Lama. Man traf sich während des Besuchs häufiger mit dem Regierungschef der Exilregierung, Samdhong Rinpoche. Dirk Metz ist in Erinnerung, dass er mit dem Ehepaar Koch eine Einladung in die Privatgemächer des Dalai Lama erhalten hatte. »Das war schon etwas ganz Besonderes.«

Im Audienzraum profitierten die Gäste aus Europa davon, dass der Dalai Lama vor Jahren schon eine Änderung der Sitzhierarchie verfügt hatte. Jetzt mussten die Besucher nicht mehr niedriger Platz nehmen als Seine Heiligkeit, Tibeter mussten sich nicht mehr vor ihn hinwerfen. Und dennoch: »Isch war schon ´n bissche uffgerescht«, sagt Evelin Schönhut-Keil. Die Umgebung, traditionell geschmückt, ein kleiner Altar am Kopfende, viele Buddha-Abbildungen und in all dem Gepräge der in seine gelb-rote Robe gekleidete Tenzing Gyatso. »Das ist eine Aura, die saugt einen auf. Man sah sie nicht, aber man spürte eine Verbindung«, sagt Ann Katrin Linsenhoff. Den Journalisten Wulf Schmiese beeindruckte die schlichte Freundlichkeit im Auftreten. Das habe etwas Einnehmendes gehabt. Trotz der fast 70 Jahre sei nichts »Greisenhaftes« an ihm gewesen. Schmiese empfand den Dalai Lama als sehr präsent: »Der strahlte eine optische Wärme und Geschmeidigkeit aus.« Ein gütig lächelnder Mann mit Witz, mit Schalk.Als der Gastgeber Roland Koch erblickte, sei er lachend auf ihn zugelaufen und habe ihm auf Englisch scherzend zugerufen, »My Friend, das hätte ich nicht gedacht, dass Ihr kommt.« So erinnert sich die Abgeordnete der Grünen. Koch sei ein enger Freund, fügte der Dalai Lama hinzu. »Freundschaft steht über Geld, Status und Einfluss. Diese Freundschaft wird bis ans Ende unserer Tage reichen.«

Während der Audienz beantwortete der Dalai Lama Fragen der Gäste, die in Kinobestuhlung vor ihm aufgereiht waren. Ein mitreisender Journalist schrieb, es sei darum gebeten worden, nicht in die Reihen der Gäste hinein zu fotografieren, mit Rücksicht auf mögliche Repressalien durch die Chinesen.

Zum Besuchsprogramm gehörte auch eine Führung durch das Regierungsviertel. Vom Glanz einer Residenz, wie wir sie uns vorstellen,keine Spur. Flapsig formuliert ein Journalist: »Das Ganze machte so einen Eindruck, wie ich mir ein Sherpalager auf dem Himalaya vorgestellt habe. Es hatte nichts Nobles oder Edles an sich. Sehr rustikal.« Man sah den Parlamentsraum, das Regierungszimmer, einfache Häuser, in denen Ministerien untergebracht waren.

Regelrecht erschüttert waren die Teilnehmer vom Schicksal der tibetischen Kinder, das ihnen im Tibetian Children Village (TCV) geschildert wurde. Für sie waren sehr einfache Schlafsäle und Schulräume errichtet worden. Schönhut-Keil: »Auschlaggebender Punkt waren die tibetischen Kinderhäuser. Dass die tibetischen Eltern ihre Kinder Tausende von Kilometern über die Berge schleppen, um sie in Dharamsala unterzubringen und tibetisch erziehen zu lassen. Weil sie nicht wollen, dass mit ihrem Tod die tibetische Kultur endet. Das ist ein Akt der Verzweiflung, der unbeschreiblich ist.«

Auch wenn es keine »echten« Waisenkinder waren, weil die Eltern die Kleinen oft allein oder mit Führern über die lebensgefährliche Strecke schickten, wurden sie als solche behandelt. Leitung und Organisation der Kinderbetreuung und -beschulung hatte Yetsun Pema, eine Schwester des Dalai Lama, übernommen. Frank Auth bekam mit, wie die Politikerkollegen untereinander überlegten: »Wie wäre das, wenn wir aus jeder Fraktionskasse 500 Euro geben? Dann hätten wir schon mal 2000 Euro.« Auth erweiterte diese Rechnung: »Wenn aus einer Delegation mit fast 60 Leuten jeder rund 500 Euro spendet, dann hätten wir das Geld für ein Haus – 30.000 Euro – zusammen. Nach dem Motto: Was die Politiker können, das können wir auch.« Die Rechnung ging auf, das Geld kam zusammen und im TCV wurde ein Kinderhaus »Hessen« gebaut – mit den Mitteln der hessischen Unternehmer, die Teil der Delegation waren.

Das traditionelle Schulsystem hat zwar noch Bestand, aber das TCV existiert in dieser Form nicht mehr, weil kaum noch Kinder über die gefährliche Route geschickt werden – Chinas strikte Abriegelungspolitik zeigte Wirkung.

Der Charakter einer »Rumpelreise« mit Unwägbarkeiten, Verzögerungen und Gepäckproblemen blieb bis zum Schluss erhalten Aus den Reihen der Teilnehmer erinnerte man sich hauptsächlich an die erfolgreich geführten Anbahnungsgesprächen der Manager in Mumbai, Bangalore und Delhi. Und die meisten Mitreisenden erinnerten sich an den »Wochenendausflug zum Dalai Lama« nach Dharamsala.

Was dieser Besuch für den Dalai Lama und seine Exilregierung bedeutete, erklärt Kelsang Gyaltsen, Gesandter des Dalai Lama für Mitteleuropa und auf der Reise dabei: »Ich weiß von keinem anderen aktiven Spitzenpolitiker, der mit einer so großen Delegation an diesen Ort gereist ist. Die Teilnehmer waren Politiker, Unternehmer, Journalisten. Das zeigt die Breite der Verbindung zwischen Tibetern und Hessen.«

Weitere Reisen nach Tibet und Indien

Evelin Schönhut-Keil, ehemalige Vizepräsidentin des hessischen Landtags, erinnert sich wie folgt: »Die Erfahrung, die ich dabei gemacht habe, war enorm wichtig, um politische Fragen in eigener Wahrnehmung zu sehen und in einem Zusammenhang beurteilen zu können. Ich habe es geschätzt, den Kopf mal rauszustrecken. Vieles kann man sich nicht anlesen.« In den vielen Jahrzehnten der Freundschaft nahmen zahlreiche Hessen, darunter viele Politiker, die Möglichkeit wahr, sich vor Ort ein Bild zu machen, wie es um Tibet und seine von dort vertriebenen Flüchtlinge steht.

Dr. Christian Schwarz-Schilling (CDU) beispielsweise hatte schon 1997 die Gelegenheit, als Vorsitzender des Unterausschusses Menschenrechte im Bundestag mit sechs Kolleginnen und Kollegen erstmals offiziell die Autonome Region Tibet zu bereisen. Das Besuchsprogramm war von chinesischer Seite vorgegeben und streng reglementiert. Während der drei Tage trafen die Abgeordneten meist ausgewählte Gesprächspartner, auch ein Gefängnis stand auf dem Reiseplan. Aber weder durfte mit tibetischen Inhaftierten gesprochen werden, noch wurde transparent über Häftlinge und Haftbedingungen unterrichtet. Immerhin war es laut Schwarz-Schilling noch möglich, Mitarbeiter von NGOs (Nichtregierungsorganisationen) zu sprechen. Der promovierte Sinologe bemerkte schon damals, dass nicht tibetisch, sondern Mandarin als offizielle Sprache dominierte.

Vieles wiederholte sich 2001 bei einer ähnlich gelagerten Reise von Bundestagsabgeordneten unter Führung Schwarz-Schillings. Die präsentierten Klöster und Tempel waren eher Denkmäler denn Orte einer lebendigen Religionsausübung. Abermals gehörte das Gefängnis zum Programm, dieses Mal durch den Besuch bei einer handverlesenen Bauernfamilie angereichert. Fragen nach der Rolle und Akzeptanz des Dalai Lama wurden mit der Bemerkung quittiert, dieser sei ein Spalter und nicht nur ein religiöses Oberhaupt.

Ministerpräsident Roland Koch (CDU) wertete sechs Jahre später die Einladung zu einer Chinareise – mit einem geplanten dreitägigen Abstecher ins tibetische Hochland – als Erfolg seiner Politik – als Freund der Tibeter und geschätzter Partner der Chinesen. Zudem durften neben einigen Parlamentariern auch Journalisten teilnehmen – keinesfalls eine Selbstverständlichkeit auf solchen Reisen. So konnten deutsche Leser und Zuschauer einen, wenn auch zensierten, Blick in die tibetische Stadt Lhasa im Jahr 2007 werfen.

Sie sahren Winter- und Sommerpalast, Sera-Kloster und Nationalmuseum sowie den Besuch bei einer Bauernfamilie, die sich dem Kommunismus verschrieben hatte und Religionen ablehnte. Zu

1

2

3

den positiven Erfahrungen gehörte, dass in der Regionalregierung inzwischen Tibeter mitwirkten und Bemühungen erkennbar waren, die Infrastruktur der rückständigen Provinz zu verbessern.

Beobachter vermuteten hinter der Einladung nach China und Tibet den Versuch, vor den Olympischen Spielen 2008 in Peking für eine harmonische Atmosphäre zu sorgen. Roland Koch mahnte bereits damals, dass die tibetische Kultur durch die chinesische Überformung existenziell gefährdet sei. »Wenn nichts geschieht, wird sie zerstört werden.« Zu den inakzeptablen Beschränkungen zählte der kritische Gast die Repressalien gegen Nonnen und Mönche: »Religion ist dort in ihrer Ausübung nicht so, wie wir uns religiöse Ausübung vorstellen.« Dies war umso entscheidender, da die Kraft des Buddhismus nach Jahrzehnten kommunistischer Herrschaft ungebrochen schien. Trotz der Behauptung, es herrsche gemäß der Verfassung Religionsfreiheit, war der Besitz und das Präsentieren von Abbildungen des Dalai Lama bei Strafe verboten.

Ein Journalist hatte vor der Reise geschrieben, dass Stellen in Deutschland durchaus Sorge trügen, Koch zerschlage in Peking und Lhasa mit undiplomatischem Vorgehen Porzellan. Tatsächlich hatte der CDU-Politiker laut einer Zeitungsmeldung kein Porzellan zerschlagen, sondern welches gekauft: eine Büste des Großen Vorsitzenden Mao Zedong, die er in seiner Sammlung zu Hause neben die von Gandhi stellen wolle. Zum Ausgleich.

Wie sehr sich die Fronten verhärteten, erfuhr der hessische Bundestagsabgeordnete Michael Brand 2016. Dem CDU-Politiker aus Fulda, damals Vorsitzender des Menschenrechtsausschusses, wurde die geplante Einreise nach China verweigert. Die Ausladung erfolgte, nachdem Brand einer Aufforderung des chinesischen Botschafters nicht nachgekommen war, kritische Artikel zur Menschenrechtslage in China von seiner Internetseite zu entfernen. Das Einreiseverbot besteht bis heute.

Einen völlig anderen Charakter hatten die zahlreichen Besuche von Bürgern aus Hessen in Dharamsala und anderen Regionen Indiens, in denen Mitglieder der rund 100.000 Personen zählenden tibetischen Exilgemeinde lebten. Friedhelm Brückner kannte den Dalai Lama und seine Exilregierung schon seit Anfang der 1980er Jahre und aus seiner Gegeneinladung nach Hessen resultierte ein Abstecher des Dalai Lama nach Glashütten, Kelkheim und Hofheim am Rande eines Besuches der Frankfurter Buchmesse 1982.

1 Nach knapp zehn Jahren zurückgekehrt als Freunde. Privataudienz des Vorstands (Auth und Götzfried) der »Freunde für einen Freund« bei Seiner Heiligkeit dem Dalai Lama in seinen Privatgemächern. Dharamsala 2014.

2 Übergabe von Gastgeschenken der Freunde an Seine Heiligkeit in Dharamsala.

3 Der Dalai Lama freut sich über Honig aus Hessen, den die Freunde mitgebracht haben.

निर्वासित तिब्बती संसद
TIBETAN PARLIAMENT-in-EXILE
1

2

3

The Three Billy Goats Gruff
bridge
grass
4

5

INDIA
NEPAL
6

Karl Starzacher, ehemaliger Landtagspräsident und Vorsitzender des Kuratoriums für den Hessischen Friedenspreis, war 2006 mit einer Reisegesellschaft dort. Zu den Organisatoren gehörte der ehemalige Regierungssprecher von Helmut Kohl, Friedhelm Ost. Diese Fahrt war inhaltlich aufgeladen, politisch orientiert und enthielt als wichtigen Programmpunkt eine Audienz bei Seiner Heiligkeit. In Dharamsala war die 40-köpfige Gruppe unter anderem Gast des Ministerpräsidenten der Exilregierung, Samdong Rinpoche. Die Gäste aus Deutschland bekamen bei einem Treffen mit Delegierten des Exilparlaments Standing Ovations. Sie seien Repräsentanten einer wahrhaft treuen und dauerhaften Unterstützergruppe der tibetischen Sache. Starzacher ist besonders in Erinnerung geblieben, dass man eine Einrichtung besichtigte, in der junge Tibeter eine Berufsausbildung erhielten. Der Dalai Lama hatte diese Schule mit 25.000 Euro, die er mit dem Friedenspreis erhalten hatte, unterstützt.

Zu einer Neuauflage der wegweisenden Fahrt von 2005 kam es 2014. Nach der Delegationsreise 2005 hatten sich Teilnehmer entschlossen, den Verein »Freunde für einen Freund« zu gründen, um den Dalai Lama und seine Exilregierung bei ihren Besuchen in Hessen zu unterstützen. In Erinnerung daran fuhren »Die Freunde« abermals nach Dharamsala. Frank Auth, der Vorsitzende des Freundeskreises, war erstaunt, wie sich der Ort in diesen knapp zehn Jahren entwickelt hatte. »Wir waren da als Freunde, nicht als Fremde«. Und sie durften feststellen, dass ihr Engagement mit großer Wertschätzung wahrgenommen wurde. Man traf mit dem neuen amtierenden Regierungschef im Exil, Dr. Lobsang Sangay zusammen, besuchte das TCV und das von den Delegationsteilnehmern gespendete »Hessenhaus« für tibetische Waisenkinder und besuchte das Erziehungsministerium, eine tibetische Schule und das Exilparlament, wo man neben der Außenministerin Parlamentsabgeordnete sprach. Höhepunkt war die mehrstündige Privataudienz beim Dalai Lama. War man vor zehn Jahren als Fremde gegangen, so kam man nun als Freunde zurück. Die vielen Male, die der Dalai Lama seit dem ersten Zusammentreffen als Gast in Hessen war, hatte eine Verbindung hergestellt, die der Dalai Lama zur Begrüßung mit »longterm Friend« zusammenfasste. Das machte die Hessen froh und stolz, zeigte aber auch, wieviel Wertschätzung der Dalai Lama und die Tibeter der Unterstützung durch die Hessen entgegenbrachten.

1 Eingang zum Gebäude des tibetischen Parlaments im Exil.
2 Der Parlamentssaal der tibetischen Regierung im Exil.
3 Besuch in einer Schule des TCV.
4 Die Schüler singen ein Lied für die Besucher auf Englisch.
5 Besuch im Schlafsaal eines Waisenhauses im TCV.
6 Besuch bei einem Minister der tibetischen Exilregierung.

»It's like coming home«

»Wenn ich Seine Heiligkeit als Gast des Landes Hessen offiziell vom Flughafen abhole, ist das eine meiner schönsten Aufgaben als Protokollchef«, sagt Dieter Beine, Protokollchef des Landes Hessen. Er schätzt, dass es rund 50 Mal zu diesen Begegnungen auf dem Flugfeld kam, bis zu viermal in einem Jahr. Wenn es sich nicht nur um eine Durchreise mit Kurzaufenthalt, sondern um einen offiziellen Besuch Hessens handelte, begannen die Vorbereitungen lange vorher. Seit der Amtsübernahme durch die Regierung Koch 1999 gehörte es zum Standard, den Dalai Lama als Staatsgast zu behandeln. Dazu zählen die Begrüßung und Betreuung ab dem Ausstieg aus dem Flugzeug.

Bei offiziellen Hessenbesuchen sind neben den einzelnen Stationen bei Politik und Wirtschaft die besonderen Wünsche der Delegation zu klären, die Unterkunft, die Begleitung durch Polizeikräfte, die Beflaggung und ein Gastgeschenk. Für den Dalai Lama zählten Weinstöcke aus der Forschungsanstalt Geisenheim dazu, die besonders gut für das Klima in Nordindien geeignet sind. Bevorzugtes Getränk Seiner Heiligkeit ist heißes Wasser mit Honig. Das Team des Nassauer Hofs erhielt für seinen wichtigen Gast ein konkretes Briefing. Das reichte von der Angabe der gewünschten Raumtemperatur über Thermoskannen mit Milch (heiß und kalt), große Teekanne (leer), Wasserkocher und vier Teebecher (Foto von Größe und Form wurde mitgeschickt) bis hin zu einer Auswahl an Tee und einem Früchtekorb. Das Frühstück in der Suite sei möglichst um 5:30 Uhr zu servieren. Mitteilung des Dalai-Lama-Büros: »Wir unterstützen gerne den Koch in der Küche bei der Vorbereitung.«

Mit der Nobelpreisauszeichnung und vor allem mit der weltweiten Anerkennung der Arbeit des Dalai Lama seit den 1990er-Jahren veränderten sich auch Größe und Zusammensetzung seiner Delegation. Vorbei war es mit der Beschaulichkeit der familiären Betreuung im Taunus, Sicherheitsfragen und Logistikherausforderungen beherrschten die Besuche. Der »einfache tibetische Mönch«, wie sich Seine Heiligkeit gerne nannte, stellte keine Ansprüche an Unterbringung und Verpflegung, aber die Rahmenbedingungen eines Staatsbesuchs forderten eine komplexere Planung und Unterbringung in dafür ausgestatteten Hotels. Die Kosten für Anreise und Aufenthalt stiegen ebenso. Obwohl wie in solchen Fällen üblich auch die Landeskasse für einen Teil aufkam, erwiesen sich jetzt die Arbeit und die Finanzierung durch die »Freunde für einen Freund« als elementar wichtig für die meisten Publikumsveranstaltungen. Für Dieter

Dasselbe Hotelzimmer bei jedem Besuch in der Fremde schafft Vertrautheit.

1

2

3

4

1 Über 30 Jahre Freundschaft knüpfen ein enges Band der Vertrautheit.

2 Teetrinken mit langjährigen Freunden: Landtagspräsident Norbert Kartmann (links), Dolmetscher Christof Spitz (Zweiter von rechts), Ministerpräsident Roland Koch (rechts).

3 Der Dalai Lama und sein langjähriger Freund und Begleiter »Shining Head« Dieter Beine.

4 Über viele Jahre freundschaftlich verbunden; der Dalai Lama trifft Frank Auth.

1

2

Beine bedeutete der Aufwand große Freude, weil er sich in den vielen Jahren mit dem Dalai Lama anfreundete. Ihm kam dabei zugute, dass alle an den Vorbereitungen beteiligten Personen in Hessen an einem Strang zogen. In Bayern sei das anders gewesen, da sei der Dalai Lama nicht als Staatsgast empfangen worden und habe deshalb auch schon mal ein Taxi benutzen müssen, geschweige denn, dass ihn eine Eskorte begleitete. In Hessen hingegen wurde er stets vom jeweiligen Ministerpräsidenten als Staatsgast eingeladen und empfangen, angefangen bei Roland Koch, dann Volker Bouffier bis hin zu Boris Rhein sowie durch alle Landtagspräsidenten von Starzacher über Möller und Kartmann bis zu Astrid Wallmann.

Der Schweizer Fotograf Manuel Bauer, der den Dalai Lama viele Jahre begleiten durfte, hat die Aufenthalte in Hessen als sehr besonders geschätzt. Mit der Zeit habe man sich gekannt: Protokollchef Dieter Beine, der Chef der Personenschützer, selbst die Motorradpolizisten wurden alte Bekannte. Der in Hamburg lebende Übersetzer Christof Spitz urteilt: »Das war jedes Mal ein Statement«.

»Eine Protokollfrage ist die Ummantelung eines Menschen.« So lautet Beines Philosophie. Der Gast freue sich, wenn ein bekanntes Gesicht an der Flugzeugtür warte. Zur Begleitung beim Transport gehörten zwischen fünf und sieben Motorräder, je nach Besuchsanlass nicht nur zur Ehre, sondern auch zum Schutz. Selbstverständlich habe der rote Teppich vor der Staatskanzlei gelegen, und die gelb-rote Flagge der Tibeter flatterte darüber. Nicht alle Besuchsanlässe waren offizieller Art. Beine begleitete seinen Gast schon mal zum Arzt nach Bad Nauheim, viele Gespräche wurden unter vier bis sechs Augen geführt. Da war selbst Dolmetscher Spitz manchmal außen vor. Heinrich Harrer, der den Dalai Lama noch aus Tibet kannte, sprach perfekt Tibetisch und konnte sich mit dem Dalai Lama bei einem Treffen im Nassauer Hof direkt und ohne Hilfe austauschen.

Der Dalai Lama flog bevorzugt mit der Lufthansa über Frankfurt am Main, um dort selbst bei Zwischenaufenthalten Freunden aus Hessen zu begegnen. Zudem kannten Mitglieder der Flugbegleitung, zum Teil selbst Buddhisten, die Gewohnheiten und Vorlieben ihres speziellen Gastes. »Je vertrauter du mit jemandem bist, umso wohler fühlst du dich.«, fasst es Kelsang Gyaltsen, der langjährige persönliche Begleiter des Dalai Lama, zusammen.

Die Verbindung zwischen dem tibetischen Gast und Hessen wird aber erst durch das Engagement vieler Bürger so besonders, das weit über die offizielle Betreuung der jeweiligen Landesregierung hinausgeht. Was am 5. Februar 2005 mit einer spontanen Sammelaktion vor dem Eingang des Waisenhauses in Dharamsala begann, reifte zu einer richtigen Organisation von Sympathieträgern und Unterstützern

1 Vorstand und Mitglieder des Vereins anlässlich einer Veranstaltung zum 75. Geburtstag des Dalai Lama in Wiesbaden.
2 Das Organisationsteam der »Freunde für einen Freund« trifft den Dalai Lama im Hotel Nassauer Hof 2015 zu einer Privataudienz.

1

2

heran, die sich, wie bereits erwähnt, 2007 in dem eingetragenen Verein »Freunde für einen Freund« versammelten. Die Delegationsreise nach Nordindien hatte auch für Frank Auth ungeahnte Folgen. »Warum komme ich, kleiner Bub aus Sachsenhausen, dazu, dem Dalai Lama in seiner Residenz zu begegnen, wofür sich andere Menschen einen Arm abhacken würden«, schildert er seine Gedanken. »Wenn ich so etwas geschenkt bekomme, möchte ich etwas zurückgeben, indem ich anderen Menschen zu Hause in Hessen dieses Erlebnis ermögliche, ihn ebenfalls zu treffen.« Auth fand Gleichgesinnte und die beschlossen: »Wenn der Dalai Lama wieder in Hessen ist, bringen wir unsere Arbeitskraft, unser Geld und unsere Zeit mit ein und sorgen dafür, dass möglichst viele Menschen ihn treffen.«

Vieles davon lief im Sommer 2005 bei den Feierlichkeiten rund um den 70. Geburtstag Seiner Heiligkeit noch sehr improvisiert, erzählt der Vorsitzende. »Damals funktionierte es nach der Methode, einer zahlt dies, ein anderer kümmert sich um das. Bei kleineren Empfängen hat jemand wie Vereinsmitglied Thomas Götzfried mal sein Haus zur Verfügung gestellt.« Aber als 2007 die Riesenveranstaltung im Hessenpark anstand, »da brauchten wir einen gemeinsamen Topf, aus dem die wichtigsten Posten bezahlt wurden«. Catering, Sicherheit, Bühnenaufbau, Personal, allein die Toiletten, die für 17.000 Leute dort aufgestellt werden mussten, kosteten 4000 Euro. So entstand aus einem Freundeskreis der »Freunde für einen Freund e.V.«. Was ihn auszeichnet, ist seine Diversität. Frühe Mitglieder waren neben Gründungsmitglied Frank Auth der ehemalige Landtagspräsident Karl Starzacher (SPD), seine Kollegin Evelin Schönhut-Keil (Die Grünen) und Dirk Pfeil (FDP), der Alterspräsident des Landtages a. D. Horst Klee (CDU), Lutz Raettig, viele Jahre Bankvorstand und Vorsitzender der Finanzplatzinitiative Frankfurt Main Finance, aber auch Silke Wiese, Agenturchefin in Frankfurt, Marc Hilgard, Rechtsanwalt, Tom Keil, Musikmanager, Thomas Götzfried, Unternehmer, Alexandra Sender sowie der Fotograf York Hovest, der Geschäftsführer des Rheingauer Weinbauverbandes Dominik Russler oder Katharina Werner von der Beratungsgesellschaft Ernst & Young.

Die Events mussten jedes Mal generalstabsmäßig vorbereitet werden. Meist kam einige Zeit vorher der Sondergesandte des Dalai Lama für Deutschland aus Genf nach Frankfurt. Gemeinsam wurden die Orte besichtigt, der Kurpark, das Hotel, der Hessenpark, ein Privathaus. Daraus entstand der Zeit- und Kostenplan für eine Delegation. Der einladende Verein hatte nicht nur für die Reisekosten des Dalai Lama und seiner Delegation aufzukommen, sondern alle Kosten während des Aufenthaltes zu übernehmen. Das waren neben den Ausgaben für den jeweiligen Veranstaltungsort die Kosten für die Beherbergung und Verpflegung der bis zu 25 Personen großen Delegation. In Hessen half dem Verein, dass der Dalai

1 Stets dieselben Personenschützer melden sich freiwillig zum Dienst, wenn der Dalai Lama kommt. Hier Joachim Zimmermann und Christian Knab (v.l.n.r.).

2 Diese Aufnahme war ihnen wichtig: Mitglieder der Motorradstaffel der hessischen Polizei und ihr Leiter Robert Jamin im Gruppenbild mit einem besonderen Gast.

HEINRICH HARRER
DENK ICH AN
BHUTAN

Lama stets als Staatsgast behandelt wurde. Unvergesslich für Zehntausende sind die vom Verein organisierten Geburtstagsfeiern 2005 und 2015 (80 Jahre) sowie das Fest im Hessenpark 2007, ebenso die Veranstaltungen zu seinem 75. Geburtstag 2010 und der erste Besuch des Dalai Lama beim neuen Ministerpräsidenten Volker Bouffier mit vielen Gästen in Wiesbaden. Oft gab es kleinere Veranstaltungen im Nassauer Hof in Wiesbaden, wo der Verein es seinen Gästen ermöglichte, mit dem Dalai Lama eine Morgenmeditation zu erleben, oder 2014 im Frankfurter Hof in Frankfurt, wo der Dalai Lama auf Einladung der »Freunde« neben zahlreichen anderen Gästen den deutschen Musiker Heino in seinen Bann zog. Ann Katrin Linsenhoff, die nach der Indienreise zu den ersten Unterstützern zählte, erlebte dort, wie die Ausstrahlung des Dalai Lama selbst bei großen Gruppen noch faszinierend wirkte.

Was im Nachhinein wie selbstverständlich klingt, war das Ergebnis monatelanger Kleinarbeit. Agenturchef Auth unterbrach seinen Job für diese Zeit, um mit einem eigens zusammengestellten Team von Freiwilligen im Vorfeld die unglaubliche Fülle von Details abzuklären und abzustimmen, mit Behörden über Genehmigungen zu verhandeln und Einsatzpläne zu schmieden. Was sich trotz großzügiger Privatspenden noch an Kosten aufstaute, deutet Auth nur an. Er erinnert sich an manchen Bittgang in letzter Minute mit seinen Mitstreitern und an manchen Anruf bei Unterstützern, um bisweilen fünfstellige Summen, die zur Durchführung der kostenfreien Veranstaltung noch fehlten, doch noch zu akquirieren. Letztlich habe sich immer noch jemand aus der Wirtschaft gefunden, der half. »Uns war immer wichtig, dass der Zugang zum Dalai Lama bei freiem Eintritt möglich war. Anders als bei allen anderen Veranstaltungen hat es die Besucher bei uns nie Geld gekostet. Die enormen Summen, die nötig waren, diese Veranstaltungen stattfinden zu lassen, haben wir im Vorfeld immer über Sponsoren eingeworben. Und manchmal im Nachhinein offene Kosten über nachträgliche Spenden gedeckt. Manchmal auch aus unserem Mitgliedskreis selbst.« Zusätzlich gab es besondere VIP-Veranstaltungen, für die Tickets verkauft wurden. Diese Gelder seien bitter nötig gewesen, um den Rest zu finanzieren. Das Gratisangebot für alle Bürger und viele tibetische Flüchtlinge war laut Auth ein europäisches Alleinstellungsmerkmal der »Freunde für einen Freund«. Das gab es sonst nirgends.

Der Flughafen mit seiner internationalen Anbindung, die vielen guten Veranstaltungsräume, vom Fußballstadion bis zur Paulskirche, das besondere Entgegenkommen der öffentlichen Stellen führte dazu, dass auch andere Organisationen Hessen als Schauplatz für Veranstaltungen mit Seiner Heiligkeit nutzten. Die Tibet-Initiative zählte dazu, die deutsche Niederlassung der International Campaign for Tibet von Richard Gere, vor allem auch das Tibethaus in Frankfurt.

1 Nach 70 Jahren treffen sich Heinrich Harrer und der Dalai Lama auf Einladung der Hessen in Wiesbaden wieder. Nassauer Hof 2005.

1

2

3

4

Meilensteine

2005, 70. Geburtstag – Die Verleihung des Friedenspreises

Im Juli des Jahres 2005 erlebte Hessens Landeshauptstadt einige Superlative. Noch nie, so wunderte sich ein Reporter, habe es in der Stadt eine so große Menschenmenge gegeben, die so hektisch die Strecke zwischen Landtag und Nassauer Hof, rempelnd und stolpernd, zurückgelegt habe. Reporter, mit und ohne Kameras oder Fotoapparate, drängelten sich um die Gelegenheit, das beste Bild Seiner Heiligkeit, der 14. Inkarnation des Dalai Lama, einzufangen. Und die Chronik des Hessischen Friedenspreises der Albert-Osswald-Stiftung hält fest, dass nur zweimal in der Geschichte seit 1994 die Auszeichnung nicht im Kurhaus übergeben worden sei. Wegen der vielen Anmeldungen zur Preisverleihung fand diese in einem Saal des Kurhauses statt. Fraglos sorgte die Auszeichnung des Dalai Lama für die größte öffentliche Aufmerksamkeit, die der Friedenspreis je erregt habe, heißt es weiter.

Karl Starzacher (SPD), ehemals Präsident des Hessischen Landtags und hessischer Finanzminister, ist Vorsitzender der Osswald-Stiftung und leitet seit vielen Jahren das Kuratorium, das über den Preisträger entscheidet: »Von der Bekanntheit und von der öffentlichen Wirkung her war er der Prominenteste unter den Preisträgern bis dahin.« Es sei dem Gremium, in dem Vertreter gleich dreier Friedensinstitute vertreten sind und das immer einstimmig entscheidet, bewusst gewesen, »was wir da auslösten«. Vormittags um 11 Uhr eröffnete Starzacher die festliche Sitzung mit den Worten, der Dalai Lama habe immer dafür gesorgt, dass der tibetische Widerstand dem Prinzip der Gewaltlosigkeit folge. Er habe auf eine volle politische Unabhängigkeit von China zugunsten kultureller Autonomie der Tibeter verzichtet und damit die Tür für eine Verhandlungslösung geöffnet. In seiner Laudatio erwähnte Ministerpräsident Roland Koch einige Maßnahmen der chinesischen Regierung, um das Ausmaß der Unterdrückung deutlich zu machen. Man habe so viele chinesische Bürger in die tibetischen Regionen umziehen lassen, dass die Tibeter in ihrer angestammten Heimat eine nationale Minderheit seien. Innerhalb der chinesischen Staatsgrenzen war Koch zufolge die Ausübung der tibetischen Religion und die Verehrung des religiösen Führers, des Dalai

1 Karl Starzacher, Landtagspräsident a.D. und Vorsitzender der Albert-Osswald-Stiftung, überreicht dem Dalai Lama den Hessischen Friedenspreis.

2 Karl Starzacher Landtagspräsident a.D., Landtagspräsident Norbert Kartmann und der Dalai Lama.

3 V.l.n.r.: Barbara Brosius, Vorstand UBS Deutschland; Tenzin Taklha, Office Of His Holiness the Dalai Lama (OOHHDL); Thomas Mann, Europaabgeordneter; Friedhelm Ost, ehem. Regierungssprecher von Helmut Kohl, 2005.

4 Roland Koch nach seiner Ansprache anlässlich des 70. Geburtstages, Wiesbaden 2005.

1

2

Lama, praktisch unmöglich. Tibetisch zu lernen sei schwierig und werde von den Autoritäten nicht respektiert. Die meisten Klöster zerstört, die verbliebenen politisch gleichgeschaltet, so seine Bilanz.

Nach dieser drastischen Schilderung berichtete Koch von einer besonders tragischen Reaktion der tibetischen Bevölkerung: »Jährlich entscheiden unzählige Eltern im tibetischen Staatsgebiet Chinas, ihre Kinder ohne Begleitung über schwierigste Wegstrecken, oft ohne jede Chance, sie wiederzusehen, ins indische Exil zu schicken.« Trotz dieser Repressionen kämpfe der Dalai Lama auf friedlichem Wege dafür, die Selbstbestimmungsrechte der Tibeter in ihrem Lebensraum wiederzuerlangen. Mit der Anerkennung der chinesischen Staatsgrenzen hatte aus Sicht von Koch das damalige politische und religiöse Oberhaupt aller Tibeter eine neue Grundlage für Gespräche mit der chinesischen Seite geschaffen.

Warum sich Menschen in Hessen für die tibetische Sache einsetzen sollten, begründete Koch so: »Das Bekenntnis zu Frieden in größter Bedrängnis, das ist eine Lehre auch für uns, sie ist, um wieder mit der Sprache des Dalai Lama zu sprechen, universell.« Das Schicksal seines Volkes, so habe der Dalai Lama gesagt, liege in den Händen des universellen Menschen, in seinen Fähigkeiten, nach Glück zu streben, in seinem Willen, Freiheit zu schaffen. »Hiermit trifft er auch uns, trifft er auch mich, es ist mein Grund der Begründung des langen, inzwischen gemeinsamen Weges, den wir miteinander gehen und den wir weiter miteinander gehen wollen, nämlich das Engagement, das ich mir wünsche von dem Volk, dem ich angehöre, für diese Freiheit in einem universellen Sinne, für Menschen und ihre Rechte.«

Gerade die Deutschen, die 1989 davon profitiert hätten, dass sich in der Geschichte plötzlich etwas wenden könne, sah Koch in der Pflicht und zitierte angesichts einer scheinbar aussichtslosen Lage die Devise des Preisträgers: »Gib nie auf, entwickle dein Herz, sei mitfühlend und setze dich für den Frieden ein, in deinem Herzen und für die Welt.« Der Preis sei ein Signal, eine Anerkennung und ein Appell zugleich. Menschenrechte hätten universelle Geltung. »Menschen haben das Recht zu glauben, sie haben das Recht, die Riten ihrer Religion zu praktizieren, und Menschen überall auf der Welt haben das Recht, die Sprache ihrer Väter und Mütter ungestraft zu sprechen, und es ist eine existenzielle Bedingung eines jeden Volkes, seine Lieder, seine Traditionen in Freude zu leben.« In Richtung der Chinesen meinte Koch, ein Land, in dem diese Sätze nicht selbstverständlich seien, werde keinen inneren Frieden finden.

In der Verleihungsurkunde heißt es: Der Dalai Lama werde für den Verzicht auf Gewalt ausgezeichnet. »Damit habe er ein herausragendes Beispiel des klugen, friedlichen und altruistischen Einsatzes persönlicher Macht gegeben, das wegweisend für die Beilegung religiöser und ethnischer Konflikte ist.« Außer-

1 Ansprache zum 70. Geburtstag in Wiesbaden, 2005.

2 Ein bisschen Woodstock im Kurpark in Wiesbaden, 2005.

dem gelte die Auszeichnung für die Initiative des Dalai Lama, die Religionen der Welt miteinander auszusöhnen. Aus einem internen Treffen des Preisträgers mit dem Kuratorium hatten Teilnehmer eine Anekdote kolportiert. Ein Mitglied hatte gefragt, wie denn jeder Einzelne zu Friedfertigkeit und Gewaltlosigkeit beitragen könne. Dies müsse vor allem in der Erziehung und in der Schule geschehen, entgegnete der Tibeter, um im nächsten Augenblick in schallendes Gelächter zu verfallen. Er sei gerade der Richtige für solch einen Ratschlag, er habe in seinem Leben nie eine ordentliche Schule besucht. Eine weitere Kostprobe seines Humors gab Tenzing Gyatso in seiner Dankesrede. Jeder hier von den Schwestern und Brüdern habe diesen Preis verdient. Daher werde das Kuratorium in der nächsten Zeit sehr viel mit dem Ausfüllen und Unterschreiben von Urkunden zu tun haben, endete er. Ernst fuhr er fort, dass zu seinem großen Bedauern die chinesische Regierung auf seinen jüngsten Reformschritt nicht reagiert hatte. Er rief in Erinnerung, dass er 2002 seine religiöse ausdrücklich von seiner weltlichen, politischen Macht getrennt hatte. Die tibetische Exilgemeinschaft wählte einen Ministerpräsidenten, dem er schon einen Großteil seiner ererbten weltlichen Macht übertragen habe.

Der Hessische Friedenspreis ist mit 25.000 Euro dotiert. Das Preisgeld wurde auf Wunsch des Dalai Lama für den Aufbau eines tibetischen Gymnasiums in Indien verwendet.

2005, 70. Geburtstag – Ansprache im Kurpark

Diese Tage Ende Juli ließen so gut wie keine Lücken im Programm. Die Vergabe des Friedenspreises, Eintrag ins Goldene Buch der Stadt Wiesbaden, Begrüßung im Landtag durch Präsident Norbert Kartmann, Meeting mit Mitgliedern der amerikanischen Handelskammer, private Feier mit dem Freund Heinrich Harrer, Ex-ZDF-Intendant Dieter Stolte und Helmut Kohls altem Pressesprecher Friedhelm Ost in der Villa Götzfried, Privataudienzen. Aber alle empfanden das nachgeholte Geburtstagsfest zum 70. Geburtstag im Wiesbadener Kurpark als den Höhepunkt des Aufenthalts in Hessen.

Es war zugleich die Feuerprobe für den Kreis der »Freunde für einen Freund«, der sich erst kurz vorher gebildet hatte. 20.000 Menschen aus ganz Deutschland »pilgerten«, so schrieb es eine Zeitungsjournalistin, schon morgens um 8 Uhr zur Grünfläche hinter dem Kurhaus. Die Bekanntheit des Dalai Lama schien auf einem Höhepunkt. Hatten doch die Deutschen wenige Jahre vorher bei einer Umfrage des Allensbach-Institutes auf die Frage nach dem weisesten lebenden Menschen der Welt den Dalai Lama an die erste Stelle gesetzt.

20.000 Besucher lauschen gebannt den Worten des Dalai Lama auf der Veranstaltung der »Freunde für einen Freund« anlässlich seines 70. Geburtstags. Wiesbaden 2005.

Sicherheitskontrollen verzögerten den Einlass. Dieter Beine und seinem Protokollteam sowie den Personenschützern des Landeskriminalamtes stand der Schweiß auf der Stirn, als der Dalai Lama vor dem Betreten der Bühne sein berüchtigtes Bad in der Menge nahm. Viele Tibeter waren in ihrer traditionellen Tracht erschienen, deutsche Anhänger trugen orangefarbene T-Shirts. Die gleichen Farben grüßten von Fahnenmasten, denn die Landeshauptstadt hatte zu Ehren des prominenten Gastes geflaggt.

Schon um 10 Uhr hatten Künstler des Tibetan Institute of Performing Art mit Tänzen, Musik und Gesang aus Tibet unterhalten. Das 15-köpfige Ensemble unter Leitung der Direktorin Kalsang Yudon Dagpo war eigens für Auftritte in Deutschland und der Schweiz aus Dharamsala eingeflogen worden.

»Ich war fasziniert, dass das Publikum vorwiegend aus jungen Leuten bestand. Wo kam das Phänomen her? Die Leute haben die Aura des Dalai Lama gesucht, er hat sie mit in seinen Bann genommen.« Horst Klee, einer der »Freunde für einen Freund« und Mitglied des Landtags, hatte sich unter die Zuhörer gemischt. Dabei relativierte der hohe Besuch gleich einige Vorstellungen: »Viele glauben, dass der Dalai Lama eine Wunderkraft hat. Diese muss ich leider enttäuschen. Sonst hätte er längst sein Volk in China befreit«, gab er seinen Zuhörern zu bedenken. Innere Stärke, Geduld und Ausdauer seien auf dem Weg des gewaltfreien Widerstandes viel wichtiger als Heilkräfte. Offenbar schien ihn ein Geschenk von Roland Koch besonders erfreut zu haben. Jedenfalls erwähnte er das Fernglas, das ihm dieser tags zuvor überreicht hatte, gleich in seiner Begrüßung. Hätte er es jetzt auf der Bühne, könnte er sehen, wer alles gekommen sei, um ihm zuzuhören. Die Rede hielt der Dalai Lama auf Tibetisch. Nach einer kurzen Begrüßung durch Roland Koch blieb nur noch Übersetzer Christof Spitz an der Seite Seiner Heiligkeit. Beide hatten unter einem orange-gelben Baldachin Platz genommen, die Bühne war sonst in weinrot gehalten, Farben, die im tibetischen Buddhismus von Bedeutung sind.

1

2

2005, 70. Geburtstag – Fest im Kurhaus

Einen besonderen Freund unter den Gratulanten präsentierten die »Freunde für einen Freund« bei der anschließenden Geburtstagsfeier mit 1300 geladenen Gästen im Thiersch-Saal des Wiesbadener Kurhauses. Der 93 Jahre alte Heinrich Harrer, Bergsteiger-Legende und seit fast 60 Jahren ein Freund des Dalai Lama, war eigens aus seiner Heimat in Tirol angereist. Beide haben nicht nur sechs Jahre in Lhasa gemeinsam verbracht, sondern auch den Geburtstag am 6. Juli. Insgesamt hatte Harrer sieben Jahre nach der Flucht aus britischer Gefangenschaft in Tibet gelebt und die meiste Zeit in der Hauptstadt verbracht. Der damals elfjährige 14. Dalai Lama hatte sich sehr für die moderne westliche Technik interessiert, in die ihn der Ältere geduldig einführte. Darauf deutete Harrer in seinem Grußwort hin. Damals sei der Dalai Lama ein kleiner Junge gewesen, mit dem er Filme angeschaut habe. »Er war damals eigentlich ein sehr armer Junge ohne Spielgefährten.« Heute fühle er sich klein neben dieser Größe, die der ganzen Welt zu gehören scheine.

Christof Spitz, der seit 1990 bei den meisten Veranstaltungen des Dalai Lama vor deutschsprachigem Publikum übersetzt hat, erinnert sich an eine Anekdote, die zeigt, wie persönlich diese Beziehung war. Bei einem Essen habe Harrer den Raum verlassen, um sich die Hände zu waschen. Der Dalai Lama habe daraufhin Harrers Ehefrau mit den Worten angesprochen: »Pass auf, dass er jetzt nicht abhaut.« Damit spielte er auf den Umstand an, dass Harrer bei seinem Aufbruch zur Himalaya-Expedition damals seine schwangere Ehefrau in Österreich zurückgelassen hatte. »Solche kleinen Sticheleien hat es immer gegeben.«

An eine rührende Geste Harrers erinnern sich viele Gäste. Der alte Mann zog ein Säckchen aus der Hosentasche, dem er eine kleine Buddhafigur entnahm. Wie sich herausstellte, war die Figur »Gott des langen Lebens« vor sechs Jahrzehnten ein Geschenk des Dalai Lama gewesen. Seine Bitte an den Freund: »Würdest du ihn nochmal für mich segnen?« Es sollte die letzte Begegnung der beiden sein. Ein halbes Jahr später starb Heinrich Harrer, der mit seinem Buch »Sieben Jahre Tibet« wie kein anderer auf das Schicksal des Dalai Lama und seines Volkes aufmerksam gemacht hatte.

Dirk Metz, damals Sprecher der Landesregierung, erinnert sich an den Ansturm auf Eintrittskarten, wenn der Dalai Lama angekündigt war. »Interessanterweise Leute aus der Kulturszene, die mit Koch normalerweise höchst wenig zu tun hatten.« Auch dieses Mal schmückten bekannte Namen die Gästeliste: die Schauspielerinnen und Schauspieler Esther Schweins, Rosemarie Fendel, Suzanne von Borsody,

1 Lutz Raettig, »Freunde für einen Freund«, überreicht die von der Delegation 2005 gesammelten Spenden für ein Waisenhaus im TCV anlässlich des Festempfangs im Kurhaus.

2 Roland Koch spricht beim Festempfang zum 70. Geburtstag im Kurhaus in Wiesbaden.

Friedrich von Thun und Günther Lamprecht, der Verleger Florian Langenscheidt und der Präsident der VDP-Prädikatsweingüter Michael Prinz zu Salm-Salm.

In Anlehnung an den Ausspruch des Geehrten »Ich bin nur ein einfacher Mönch« stellte sich Roland Koch mit den Worten vor: »Ich bin jetzt nur ein einfacher Bürger« und nicht der Ministerpräsident. Damit stellte der Festredner heraus, dass er als Gast der privaten Feier einer Bürgerinitiative sprach, die beide Feiern, im Kurpark und im Kurhaus, organisiert und finanziert hatte. Er erinnerte bei der Gelegenheit an den Weg des Dalai Lama, Gewalt durch Sympathie zu ersetzen und dafür auf die Solidarität der Welt angewiesen zu sein. »Wenn wir Bürger, wir Menschen, in einem Land nicht die Kraft finden und den Mut finden, hinter der Sache zu stehen, wenn wir glauben, wir könnten es Regierungen überlassen, dann hat der Dalai Lama verloren.«

Aus Anlass des 70. Geburtstages griff Koch eine Diskussion darüber auf, ob es für die chinesische Regierung bei möglichen Verhandlungen über die Zukunft Tibets besser sei, auf die Zeit nach dem Leben des Dalai Lama zu warten oder seine Integrationskraft zu Lebzeiten zu nutzen. »Daher sind hier auch ein paar Freunde zusammen, die jedem, den es auf der Welt interessiert, ob er in Regierung ist, privat oder sonst wo, die sagen, also wir wollen, dass Sie noch ganz lange leben.« Alle irrten, die glaubten, dass es ohne den Dalai Lama friedlicher wäre. Selbst diejenigen, die ihn nicht mochten, sollten darauf hoffen, »dass Sie noch möglichst lange gesund sind und leben und Ihren Beitrag zum Frieden in der Welt leisten.«

2007, 22. September – Besuch im Hessenpark

Tabuthema China / nicht die Hand geben, sondern verbeugen / kein Körperkontakt / Anrede Eure Heiligkeit

Die Anweisungen im Protokoll der Landesregierung fielen knapp und eindeutig aus, aber für die 20.000 Besucher im Freilichtmuseum galten sie schlichtweg nicht. Es sollte eine Art Gegenbesuch sein. Im Sommer des Jahres hatte eine offizielle Delegation des Landes Hessen China besucht und auf Einladung der Regierung sogar Tibet bereisen dürfen. »Nachdem ich die Heimat Seiner Heiligkeit sehen konnte, wollte ich ihm mal mehr von Hessen zeigen«, sagte Roland Koch zur Begrüßung der vielen tausend Anhänger des tibetischen Religionsoberhauptes. Das Freilichtmuseum in Neu-Anspach, das seit den 1970er-Jahren Zeugnisse hessischer Geschichte und Traditionen sammelt, schien ihm der richtige Ort dafür zu sein.

Wann immer die »Freunde für einen Freund« zu einer Veranstaltung mit dem Dalai Lama einladen, kommen die Hessen in großer Zahl. Knapp 20.000 haben den Weg in den Hessenpark in Neu-Ansbach gefunden, 2007.

1

2

3

4

Koch vergaß nicht zu erwähnen, dass diese gigantische Veranstaltung mit ihren logistischen Herausforderungen, einer Extrabühne, Catering für viele tausend hungrige Gäste und strengen Sicherheitsvorkehrungen das Werk eines privaten Vereins war. Die »Freunde für einen Freund« befanden sich noch in Gründung, als sie das Wagnis unternahmen, solch ein Open-Air-Festival zu stemmen.

Für das Team der Veranstalter begrüßte Frank Auth das Publikum. Es gehe an diesem Tag um die Freundschaft zwischen Tibetern und Hessen. Ähnlich wie die Tibeter versuche auch das Freilichtmuseum, Kultur lebendig zu bewahren. Metaphorisch sprach er von der Begegnung »zwischen Ebbelwei und Yakfleisch«. Tatsächlich hatte sich in der Nähe des Eingangs ein Imbissstand angesiedelt, der Yakfleisch aus einem gusseisernen Wok anbot. Originalausgaben der tibetischen Hochlandrinder standen zur Anschauung grasend auf einer Wiese daneben. Zunächst aber eilte ein Tross mit dem Ehepaar Koch und dem Ehrengast durch das Gelände. Entgegen allen – oben beschriebenen – Regeln war es ausgerechnet der Dalai Lama, der gegen das Gros der Vorschriften verstieß. Gegen die noch kräftig scheinende Septembersonne von einem Schirmträger geschützt, schüttelte er Hände, nahm Menschen in den Arm, ließ sich Schals umhängen und freute sich über kleine Geschenke. Udo Jürgens, so erinnert sich Regierungssprecher Dirk Metz, habe Mühe gehabt, dem Pulk zu folgen. Der gefeierte Sänger, selbst ein Star, hatte sich intensiv um die Möglichkeit bemüht, im Hessenpark dabei zu sein, um dem Dalai Lama einmal persönlich zu begegnen. Er applaudierte besonders kräftig, wenn Koch und der Dalai Lama später auf der Bühne sprachen.

In der Sorge, die besten Plätze könnten früh vergeben sein, hatten sich bereits ab 10 Uhr morgens Gäste auf der Waldweide vor der Bühne eingefunden. Ab 14 Uhr erst war Gesang junger Tibeterinnen aus der Schweiz und aus Liechtenstein zu hören. Das veranlasste den Dalai Lama später dazu, den starken tibetischen Geist zu loben, der selbst junge Tibeter im Exil auszeichne. Und in Tibet, so wusste er zu berichten, besäßen junge Leute, die das freie Tibet nie erlebt hätten, trotzdem noch ein Bewusstsein für diese Tradition. Die jungen Sängerinnen waren zu Tränen gerührt. Der Buddhismus ist nach Ansicht des Dalai Lama ein wichtiger Grund für die Beständigkeit seiner Kultur. Den Buddhismus gebe es seit 2500 Jahren, dagegen seien solche Bewegungen wie der Kommunismus nur eine Episode, meinte er und deutete eine kurze Spanne zwischen Daumen und Zeigefinger an.

Thema seiner Ansprache war die Freundschaft. Von einer »unchanging friendship« war bereits kurz nach der Ankunft des Ehrengastes die Rede. Eine Reporterin hatte den Dalai Lama nach seiner

1 Der Hessenpark hat sich für das Gastland Tibet schick gemacht.

2 Roland Koch zeigt dem Dalai Lama den Hessenpark und die Geschichte Hessens.

3 Dalai Lama und Roland Koch sprechen zu den 20.000 Besuchern.

4 Der Verein hat sogar echte tibetische Yak organisiert, um den Tibetern eine Freude zu machen.

1

2

3

Beziehung zu Roland Koch gefragt. Letzterer hatte ganz im Sinne dieses Themas zur Begrüßung gesagt, dass selbst mit den Chinesen nur in einer freundlichen Weise über die Zukunft Tibets gesprochen werden könne. Als Rückendeckung dafür brauche der Dalai Lama die Sympathie aller hier Versammelten. Das sei das Kostbarste, was man als Geschenk mitgeben könne. Auf seinen Gast schien das zu wirken. Er lobte die herrliche Umgebung, wenngleich er zu Beginn noch für den wunderbaren Empfang in Frankfurt dankte, sich dann aber gerne von seinen Mitarbeitern korrigieren ließ.

Dann sprach er von der wahren Freundschaft und dem Mitgefühl, das auch dem Fremden das Streben nach Glück und ein Leben ohne Leiden zugestehe. »Nur mit diesem Gefühl der Menschlichkeit können wir Großartiges leisten«, schloss er.

2007, 23. September – Besuch im Kanzleramt

Als »Hexe« war Angela Merkel in ihrer langen Karriere bislang noch nie beschimpft worden, aber eine vermeintlich einfache menschliche Geste brachte doch überdurchschnittlich viele Menschen in Wallung.

»15:58 Uhr: Ein schwarzer VW Phaeton hält vor der Einfahrt des Kanzleramtes«, so beschreibt ein Reporter der BILD-Zeitung den historischen Augenblick am Sonntag, den 23. September 2007, in dem der Dalai Lama zum ersten Mal Zutritt zu einer deutschen Regierungszentrale bekam. Mit im Wagen saß Roland Koch, der tags zuvor in gewohnter Untertreibung erklärt hatte, er sei »ein wenig stolz darauf, dass eine deutsche Bundeskanzlerin diese Entscheidung trifft«. Er musste nicht erwähnen dass weder sein Parteifreund und Vorbild Helmut Kohl noch Gerhard Schröder bereit gewesen waren, das geistliche und damals noch politische Oberhaupt der Tibeter zu empfangen. Im Gegenteil, Schröder hatte sich den Chinesen gegenüber nie zu Menschenrechtsfragen geäußert und in der Europäischen Union sogar dafür gestritten, ein Waffenembargo gegenüber der Volksrepublik aufzuheben.

So sprach anfangs wenig dafür, dass Angela Merkel von dieser Politik abweichen würde. In der kurzen Zeit seit ihrem Regierungsantritt im November 2005 hatte sie bereits zweimal China besucht. Und obwohl sie durch die Vermittlung Kochs den Dalai Lama noch als Oppositionsführerin im Bundestag empfangen hatte, schien es mehr als wahrscheinlich, dass sie dies als Regierungschefin unterlassen würde.

1 Eine Musikgruppe bringt original tibetische Kultur in Form von Gesang und Tanz nach Hessen.

2 Frank Auth, der Vorsitzende des Vereins, wird nach seiner Ansprache vom Dalai Lama stellvertretend mit dem weißen Schal der Tibeter, der Kata, bedacht.

3 Auch der berühmte deutsche Musiker Udo Jürgens freut sich, den Dalai Lama im Hessenpark kennenzulernen und ist sichtlich bewegt.

Der Dalai Lama gab sich diesbezüglich keinen Illusionen hin: »Das ist ein interessantes Phänomen unter Politikern: Wenn sie noch nicht Regierungschefs oder Präsidenten sind, treffen sie sich mit mir, danach meiden sie mich, um Peking nicht zu verärgern – da stehen die Wirtschaftsbeziehungen mit der Volksrepublik im Mittelpunkt.« So hatte er seine Erfahrungen der vergangenen Jahrzehnte einmal geschildert. Umso größer war das Erstaunen, als die Einladung aus Berlin bei ihm eintraf. Wie befürchtet, reagierte die chinesische Seite umgehend und erwartbar: Protest aus dem Außenministerium, die Forderung, den Besuch abzusagen, Einbestellung des Botschafters, Absage der Teilnahme einer deutsch-chinesischen Konsultation zu Rechtsfragen in München. Zudem warfen Strippenzieher in Peking die bewährte Propagandamaschine an: Über die von Zensoren sonst streng kontrollierten Internetplattformen rollte eine Lawine von Schmähungen hinweg, die der Kanzlerin unter anderem den Schimpfnamen »Hexe« einbrachte. Und zwar eine solche, die mit dem Feuer spiele. Roland Koch, dem es mittlerweile gelungen war, eine ausgewogene Balance zwischen guten Kontakten mit den Chinesen und der Freundschaft mit den Tibetern zu halten, sollte aber recht behalten: »Ich bin sicher, die Beziehungen werden sich schnell wieder normalisieren.«

Einen Tag nach der Veranstaltung im Hessenpark flog eine kleine Delegation mit Koch und dem Dalai Lama an der Spitze nach Berlin. Gestärkt durch einen Imbiss in der hessischen Landesvertretung traf die Gruppe die Kanzlerin im siebten Stock des Kanzleramtes zu einem »privaten Meinungsaustausch«. Was in den 50 Minuten im Amtszimmer Angela Merkels besprochen wurde, war weniger von Belang als die Geste selbst. Wichtig war dem Regierungssprecher lediglich, hinterher zu erwähnen, dass die Regierung sich nicht für Tibets Unabhängigkeit einsetze. Das Treffen bedeute keinen politischen Kurswechsel. Das hatte niemand erwartet, zumal der Dalai Lama schon 20 Jahre zuvor auf diese Forderung verzichtet hatte. Laut Regierungssprecher »unterrichtete der Dalai Lama Frau Merkel über sein Wirken als Religionsführer des tibetischen Buddhismus und über seinen Einsatz für seine tibetische Heimat«. Merkel habe ihm »Unterstützung bei seinen Bemühungen um die Wahrung der kulturellen Identität Tibets und in seiner Politik des gewaltlosen Strebens nach religiöser und kultureller Autonomie« zugesagt. Das war's. Bekanntlich blieb diese Begegnung, anders als in zahlreichen Anrufen und Mails an das Kanzleramt befürchtet, für die deutsche Wirtschaft ohne negative Folgen. Im Jahr 2023 wurden nach vorläufigen Ergebnissen Waren im Wert von 254,5 Milliarden Euro zwischen Deutschland und der Volksrepublik China gehandelt (Exporte und Importe). Seit 2007 hat sich das Handelsvolumen damit vervierfacht.

Der hessische Ministerpräsident Roland Koch begleitet den Dalai Lama zum Besuch bei Bundeskanzlerin Angela Merkel im Bundeskanzleramt in Berlin, 2007.

1

2

3

4

2009 – Besuch in Frankfurt und buddhistische Unterweisung

Ausgerechnet in Frankfurt, der Stadt des Säkularen, Weltlichen, der Banken und Finanzen, in der Religionen nicht mehr sehr anziehend wirken. Ausgerechnet hier sollte das geistliche Oberhaupt des tibetischen Buddhismus vier Tage lang, bezeichnenderweise in der Commerzbank-Arena, Unterweisungen geben, Vorträge halten und mit Gelehrten diskutieren? Die Skepsis der Autorin des Leitartikels, die die Eingangsfrage gestellt hatte, war jeder einzelnen Zeile anzumerken. Ob es der Hang der Deutschen zu einer Leitfigur sei, die die Massen ins Stadion treibe, fragte sie. Spiritualität in einem Fußballstadion?

Auch für die Veranstalter schien das Risiko groß. Sie hatten eigens eine gemeinnützige »Buddhismus in Frankfurt a. M. 2009 GmbH« gegründet. Dazu hatten sich die Deutsche Buddhistische Union, das Tibethaus und die Pagode Phat Hue, beide in Frankfurt, zusammengetan. Die Eintrittspreise mussten die Ausgaben für die Stadionmiete decken, blieben daher nicht weit unter dem, was Fußballfans für ein Spiel der Eintracht Frankfurt zu berappen hatten. Der Wagemut wurde belohnt. Zwei Jahre, nachdem grünes Licht aus dem nordindischen Exil gegeben worden war, reiste der Dalai Lama nach Frankfurt, um vom 31. Juli bis 2. August Unterweisungen im tibetischen Buddhismus zu geben. Was sich schon am Flughafen und vor dem Hotel in der Frankfurter City zeigte: Die Zahl der Anhänger, Freunde und Gläubigen übertraf die Erwartungen der Veranstalter. An jedem der vier Tage kamen rund 10.000 Besucher.

Mit »Die Kunst des Lebens« war die Veranstaltungsreihe überschrieben. Donnerstag und Freitag, jeweils morgens von 9:30 Uhr bis 11:30 Uhr und nachmittags 14 Uhr bis 16 Uhr, unterrichtete Tenzing Gyatso zur »Essenz des Lebens«, zum »bewussten Leben«, zu »geistiger Stabilität« und »innerem Gleichgewicht«. An den Folgetagen schlossen sich Podiumsgespräche mit dem Klimaexperten Mojib Latif, dem Unternehmer Götz Werner sowie mit den Hirnforschern Tania Singer und Gerald Hüther an. Ein Zwiegespräch mit dem Augustinermönch Anselm Grün vervollständigte das Programm. Ein wichtiger Begleiter an allen Tagen war Dagyab Rinpoche, der seit Beginn als spiritueller Leiter das Frankfurter Tibethaus begleitete. Der hohe tibetische Würdenträger lebt seit 1966 in Deutschland. Ihn verbindet eine tiefe Freundschaft mit dem Dalai Lama. Gemeinsam waren beide 1959 aus Tibets Hauptstadt Lhasa ins Exil nach Nordindien geflohen.

1 Der Dalai Lama gibt in der Commerzbank Arena in Frankfurt buddhistische Unterweisungen vor Tausenden von Besuchern.
2 Auch der buddhistische Mönch Matthieu Ricard nimmt an den Unterweisungen teil.
3 Der Dalai Lama trifft die Frankfurter Oberbürgermeisterin Petra Roth.
4 Kelsang Gyaltsen, Sondergesandter des Dalai Lama, und Dieter Beine, Protokollchef des Landes Hessen, nutzen die Pause zu einem kleinen Plausch.

1

2

Die große Bühne war auf dem Rasen des Stadions aufgebaut, die Beiträge wurden auf den großen Videowürfel und eigens installierte Großbildschirme übertragen. Am Samstagabend traten internationale Sängerinnen und Sänger vor weiteren 10.000 Besuchern auf, um die Arbeit des Dalai Lama mit ihrer Musik zu unterstützen. Das Publikum kam aus halb Europa an den Main geströmt: Mütter mit Söhnen, Nonnen, Jugendliche, viele Exil-Tibeter. Beileibe waren es nicht alles Buddhisten oder Anhänger dieser Religion, viele trieb die Neugierde auf den Friedensnobelpreisträger oder die Hoffnung, Orientierung jenseits einer Spiritualität für ihr Leben zu finden.

Stolz vermerkten die Chronisten in ihrer Bilanz, dass sich Seine Heiligkeit selten vier Tage hintereinander an einem Ort in der Fremde aufhalte. Hinzu kam, dass einen Tag später die Universität Marburg den Dalai Lama mit der Ehrendoktorwürde im Fachbereich Fremdsprachige Philologien auszeichnete. Jemand hatte in dem Jahr ausgerechnet, dass der Dalai Lama in kein Land so häufig gereist war wie nach Deutschland. Die Hessen beanspruchten schon damals einen Großteil dieser Aufenthalte für sich.

2011 – Zusammentreffen mit dem neuen hessischen Ministerpräsidenten

Das Programm enthielt eine persönliche Note des neuen Ministerpräsidenten: »Ich hatte ihn nach Seligenstadt eingeladen, weil ich wusste, dass er ein großes Interesse hat an Pflanzen und Medizin. Im Kloster haben wir ja einen der schönsten Apothekergärten Deutschlands.« Es wirkte. Volker Bouffier freute sich, dass der Dalai Lama, in tibetischer Medizin ausgebildet, trotz seines vollen Terminkalenders 20 Minuten zwischen Beeten mit Arnika, Großblütigem Fingerhut, Weißer Taubnessel, Kamille und dem Gelben Enzian flanierte. Er lobte die Benediktiner-Mönche, die vor Hunderten von Jahren schon gewusst hätten, welche Pflanzen heilen könnten. Der Besuch in Seligenstadt bildete den Auftakt einer dreitägigen Reise Seiner Heiligkeit durch Hessen mit weiteren Stationen in Frankfurt, Wiesbaden und Friedberg. Aber nur in Seligenstadt konnte es heißen: Die ganze Stadt war auf den Beinen.

Diese Visite Ende August 2011 im »Partnerland Tibets« war anders als im vergangenen Jahrzehnt. Zum ersten Mal wirkte nicht mehr Roland Koch als Gastgeber. Er hatte das Amt des Ministerpräsidenten

1 Der hessische Ministerpräsident Volker Bouffier und seine Frau Ursula führen den Dalai Lama durch den Kräutergarten im Kloster in Seligenstadt.

2 Günter Paul, Präsident des Staatsgerichtshofs, Landtagspräsident Norbert Kartmann, Ministerpräsident Volker Bouffier und Wiesbadends Oberbürgermeister Helmut Müller (von links) empfangen den Dalai Lama am Landtag..

1

2

3

im Mai des Vorjahres abgegeben. Aber eine Tradition sollte bleiben. Davon zeugte ein Schreiben, das im Januar 2011 am Sitz des Dalai Lama in Dharamsala in Nordindien zugestellt wurde. Darin hieß es:

»Es ist sicherlich nicht übertrieben, wenn wir sagen, dass das Bundesland Hessen und Sie eine enge Freundschaft verbindet. Diese Freundschaft soll weiterhin gepflegt werden.« Dies solle nicht von einer Person oder der Funktion einer Person abhängen, hieß es weiter, sondern sich durch die herzliche und innere Verbundenheit auszeichnen. »Sie sind ein Freund des ausgeschiedenen Ministerpräsidenten Roland Koch. Sie haben viele ›Freunde für einen Freund‹, aber Sie sind auch unser Freund – und das bleibt so.« Der Brief war unterzeichnet vom neuen Ministerpräsidenten Volker Bouffier und Landtagspräsident Norbert Kartmann, beide CDU. »In dieser Tradition möchten wir beide ein Zeichen für unsere Sympathie und Wertschätzung Ihnen, Ihrem Volk und Ihrer Kultur gegenüber setzen und diese enge Freundschaft auch weiterhin kontinuierlich pflegen.« Darauf folgte eine Einladung nach Hessen vom 21. bis 24. August.

Fast beiläufig bemerkte Regierungssprecher Michael Bußer, dass sich die Begeisterung des chinesischen Generalkonsuls in Frankfurt über diesen Besuch »in Grenzen halte«. Tatsächlich war der chinesische Diplomat gleich an drei Stellen in der Staatskanzlei vorstellig geworden und hatte pflichtschuldig protestiert sowie Konsequenzen angedroht. Dem waren Absagen von Visiten einiger Delegationen aus drei chinesischen Provinzen gefolgt.

Regierungschef Bouffier dokumentierte gleich zu Beginn der Reise, dass er sich hier auf eine breite politische Mehrheit im Land stützen durfte. An einem Mittagessen zu Ehren des Dalai Lama nach der Expedition in den Klostergarten nahmen das gesamte hessische Kabinett sowie alle Vorsitzenden der im Landtag vertretenen fünf Parteien teil, selbstverständlich auch sein Vorgänger Roland Koch. Dennoch mussten für den Auftritt im Landtag protokollarische Regeln eingehalten werden. Hausherr Norbert Kartmann hatte diese Einladung sozusagen privat ausgesprochen, die dritte Rede im hessischen Landtag hielt Seine Heiligkeit vor Beginn der offiziellen Landtagssitzung an diesem Nachmittag. Die Ansprache begann er mit einem scheinbaren Widerspruch. Sein Verzicht auf politische Führung sei ein Bekenntnis zur Demokratie, sagte der Dalai Lama. Er habe vor wenigen Wochen eine 400 Jahre alte Tradition beendet. Ein Land sei weder Eigentum eines Königs, eines geistlichen Führers noch irgendeines anderen Machthabers. Die chinesische Regierung habe ihn mehrfach als »Dämon« bezeichnet,

1 Der Dalai Lama und die »Freunde für einen Freund« auf einer Veranstaltung des Vereins in Wiesbaden, 2011.

2 Freudiges Händeschütteln beim Wiedersehen. Die junge Soley trifft den Dalai Lama nach vier Jahren erneut.

3 Der Lama spricht auf Einladung der Universität Frankfurt.

1

2

3

4

5

6

der mit seiner politischen Arbeit das Land spalte. Dabei verhalte er sich mit dem Rückzug aus dem politischen Tagesgeschäft demokratischer als die Führung in Peking. Eine Anspielung darauf, dass die Tibeter im Unterschied zu den Chinesen in der Volksrepublik eine wirklich demokratisch gewählte Vertretung besaßen.

Im März 2011 hatte der Dalai Lama die Trennung von Politik und Religion bekannt gegeben und im August der Vereidigung des neuen tibetischen Ministerpräsidenten Dr. Lobsang Sangay in Dharamsala beigewohnt. Der 43 Jahre alte Jurist, Völkerrechtsexperte und Absolvent der Harvard-Universität in den USA war mit 55 Prozent unter den 83.000 stimmberechtigten Exil-Tibetern gewählt worden. Durch den Rückzug des Dalai Lama besaß er nun deutlich mehr Kompetenzen. Wie auch sein Vorgänger Samdong Rinpoche war der neue Regierungschef Dr. Sangay mehrmals in Hessen zu Gast.

Neben den offiziellen Terminen gehörten bei diesem Besuch wieder öffentliche Veranstaltungen des Dalai Lama mit hessischen Bürgern zum Programm, die durch den Verein »Freunde für einen Freund« organisiert und veranstaltet wurden. So gab es eine Audienz mit morgendlicher Meditation im Nassauer Hof in Wiesbaden und ein nachmittägliches Treffen im Garten des Hauses von Vereinsmitglied Thomas Götzfried. Dort hatten schon ein Jahr zuvor einige hundert Teilnehmer, unter ihnen führende Politiker des Landes, einen Empfang aus Anlass des 75. Geburtstages des Dalai Lama besucht. In Abwesenheit des Geburtstagskindes begrüßten die »Freunde für einen Freund« weitere prominente Gäste wie den Chef der Tibetinitiative Deutschland, Wolfgang Grader, den Ehrenvorsitzenden der ICT, Prof. Jan Andersson, die Sondergesandten und Botschafter Seiner Heiligkeit aus Zürich, Genf und Brüssel und viele andere Würdenträger und Ehrengäste.

Im August 2011 kamen zu diesen Treffen unter anderem die Schauspielerinnen Martina Gedeck und Sissy Perlinger und ihr Kollege Sigmar Solbach nach Wiesbaden. Auf der Gästeliste standen Udo Jürgens und die Künstlerin Rebecca Horn. Für Ann Katrin Linsenhoff bedeutete es ein Wiedersehen nach sechs Jahren. Die Vorsitzende von Unicef-Deutschland und Olympiasiegerin im Dressurreiten war im

1 Die Freunde für ein Freund geben einen Empfang in Wiesbaden aus Anlass des 75. Geburtstags Seiner Heiligkeit des Dalai Lama mit vielen prominenten Gästen und langjährigen Unterstützern der Tibeter, 2010.

2 Wolfgang Grader, Vorstandsvorsitzender der Tibet Initiative Deutschland, 2010.

3 Tseten Choekjapeh, Sonderbotschafter des Dalai Lama in Genf, 2010.

4 Roland Koch, hessischer Ministerpräsident a. D., 2010.

5 Professor Jan Andersen, Vorstandsvorsitzender International Campaign for Tibet (ICT) in Europa, 2010.

6 Empfang der »Freunde für einen Freund« zu Ehren des Dalai Lama anlässlich des Besuchs beim neuen hessischen Ministerpräsidenten Bouffier, links Helmut Müller, Oberbürgermeister von Wiesbaden, 2011.

1

2

3

4

5

1 Der Dalai Lama spricht zum dritten Mal im Hessischen Landtag vor den Abgeordneten, 2011.

2 Der Dalai Lama beim Besuch in der Förderschule in Friedberg, 2011.

3 Die Schauspielerin Martina Gedeck und die tibetische Sängerin Dechen Shak Dagsay auf einer Veranstaltung der »Freunde für einen Freund« zu Ehren des Dalai Lama in Wiesbaden 2011, 2011.

4 Natürlich darf es auch nicht an original tibetischem Essen, den köstlichen Momos, fehlen, 2011.

5 Tibetische Kultur wird auch bei den Freunden für einen Freund gelebt, Tänze und Gesänge in traditionellen Kostümen, 2011.

Februar 2005 mit der Delegation aus Hessen in das nordindische Exil des Dalai Lama gereist. Für sie wiederholte sich das Erlebnis von damals. Sie sagt heute: »Ausstrahlung und Aura Seiner Heiligkeit wirkten auf mich unabhängig von Ort und Zeit. Das galt im nasskalten Dharamsala wie später im 35 Grad heißen Wiesbaden.« Mit den 80 geladenen Gästen im Nassauer Hof meditierte der Dalai Lama: »Denkt an die Menschen, die Ihr liebt, schließt sie in Euer Herz. Denkt an die hungernden Kinder in Afrika.« Die stille Andacht durchbrach er mit einer witzigen Bemerkung: »Oder denkt an Euro und Dollar.« Die weitgereiste und preisgekrönte Schauspielerin Martina Gedeck, so erinnert sich Frank Auth, sei nach der morgendlichen Begegnung mit dem Dalai Lama tief bewegt und ergriffen gewesen und habe sich bei den Organisatoren vom Verein der »Freunde« ausdrücklich und innig bedankt, diese Gelegenheit bekommen zu haben, eine solch beeindruckende Persönlichkeit kennenlernen zu dürfen. Das sei genau das, was sie mit der Arbeit in ihrem Verein bei den Besuchern ihrer Veranstaltungen erreichen wollten, freute sich Auth.

Infolge dieser Audienz bot der Fotograf York Hovest in einem Brief dem Dalai Lama an, dessen Heimat Tibet zu fotografieren und diese Fotografien ihm zu widmen. Politisch war der Auftritt im Landesparlament der Höhepunkt der Augustreise. Nach 1995 war es bereits die dritte Ansprache vor den hessischen Abgeordneten, die ihm auch diesmal wieder minutenlang applaudierten.

Für 800 Eltern, Lehrer, Schüler und Gäste der Johann-Peter-Schäfer-Schule, einer Bildungseinrichtung mit dem Förderschwerpunkt Sehen in Friedberg, war der Höhepunkt die Begegnung mit dem tibetischen Mönch am Vormittag des letzten Tages. Der Besuch ging auf eine Idee des Journalisten Jörg Eigendorf zurück.

»Ihr habt eine kleine Behinderung an den Augen, aber ein wunderbares Gehirn. Lasst Euch nicht aus der Bahn werfen!« So sprach der prominente Gast den vielfach behinderten Kindern Mut zu. Für ihn war es kein Problem, Körperkontakt zu den schwer behinderten Mädchen und Jungen zu finden, auch wenn herkömmliche Kommunikation wenig erfolgreich war. »Ich bin besonders beeindruckt und berührt von der Arbeit derjenigen unter euch, die sich um diese Kinder sorgen. Bitte macht weiter mit dieser guten Arbeit«, sagte er und rührte viele Zuhörer zu Tränen. Er habe seinen Geist und seinen Körper sehr geschult. »Aber ich weiß nicht, ob meine Kraft reichen würde, das so wie Ihr zu tun.«

2014 – Besuch in Frankfurt und Ansprache in der Paulskirche

»Sie haben in Frankfurt ein hartes Brot vor sich.« Der neue Generalkonsul der Volksrepublik China nahm beim Vorstellungsgespräch im Juli 2014 beim Chef der Staatskanzlei Axel Wintermeyer kein Blatt vor den Mund. Das »harte Brot« waren aus Sicht der Regierungszentrale in Peking die engen Kontakte Hessens zum Dalai Lama. Der Diplomat Liang Jianquan berichtete, er stamme aus Gansu, wo viele Tibeter lebten. Daher wusste der Generalkonsul, dass der Dalai Lama für diese eine religiös sehr wichtige Person sei. Sein Vorwurf: Leider agiere der Tibeter nicht nur religiös. Wintermeyer erwiderte, man könne den Begriff »hartes Brot« auch so verstehen, dass sich die Landesregierung nicht bei jedem Windstoß beuge. Ein Friedensnobelpreisträger könne in einem Rechtsstaat von Freundeskreisen empfangen werden. Das Gespräch fand zwei Monate nach dem jüngsten Besuch des Dalai Lama in Hessen statt.

Während dieses Hessenbesuches 2014 hatte der »Stammgast« ausdrücklich hervorgehoben, dass es sich nicht um eine politische Reise handele. Die Tage im Mai 2014 auf Einladung des Tibethauses waren gekennzeichnet durch öffentliche Auftritte: ein Vortrag vor 4000 Zuhörern in der Ballsporthalle über »Mitgefühl und Selbstbewusstsein« und eine Diskussion mit 800 Schülern in der Paulskirche zum Thema »Ethik in unserer gemeinsamen Welt«. Seine Zuhörer verblüffte er abermals mit seinem Humor. In der Ballsporthalle trug er eine Schirmmütze, in der Paulskirche stülpte er sich Teile seines Umhangs über den Kopf »gegen die Kälte«. Schauspieler Ralf Bauer, ein Unterstützer des Frankfurter Tibethauses und häufig Gast in Dharamsala, hatte mit den Schülerinnen und Schülern ein Warm-up veranstaltet. »Wir haben geübt, Seine Heiligkeit mit Tashi Delek, Guten Tag auf Tibetisch, zu begrüßen. Das klappte gut«, erinnert sich Bauer. Reporter notierten erstaunt, der Dalai Lama sei durchaus gefordert gewesen, auf die klugen Fragen der Schüler zu antworten.

Ebenfalls in der Paulskirche diskutierte der Friedensnobelpreisträger am Nachmittag desselben Tages mit dem Trierer Bischof Stephan Ackermann und dem Frankfurter Politik-Philosophen Rainer Forst über »Ethik jenseits von Religion«, moderiert vom Wissenschaftsjournalisten Gerd Scobel.

Am Rande der Veranstaltung kam es zu einem – von der Öffentlichkeit kaum bemerkten – Treffen zwischen dem Dalai Lama und Liao Yiwu. Der 1958 in der Provinz Sichuan geborene Schriftsteller war in China nach der Veröffentlichung kritischer Texte mehrere Jahre inhaftiert und gefoltert worden. Immer wieder wurden seine Bücher von der Zensur verboten. 2011 gelang ihm die Flucht über Vietnam nach Deutschland, wo er seitdem in Berlin lebt. 2012 hatte Yiwu den Friedenspreis des Deutschen Buchhandels erhalten – genau am Ort des Treffens mit Seiner Heiligkeit. Kurz nach seiner Flucht hatten sich der Chinese und der Tibeter schon einmal in Wiesbaden getroffen. Mit einer besonderen Bemerkung

1

2

3

4

5

habe ihm der Dalai Lama Mut gemacht: Scheinbar lang sei die Geschichte der Kommunistischen Partei Chinas, aber angesichts der Menschheitsgeschichte »sehr, sehr kurz«. Liao Yiwu erzählte einem Journalisten von vielen Freunden, vor allem Intellektuellen, in China, die unterdrückt würden und nicht fliehen könnten. Und er fügte hinzu: »Sie lieben den Dalai Lama.«

Ministerpräsident Volker Bouffier traf den Dalai Lama zwar nicht in der Wiesbadener Staatskanzlei, kam aber mit Mitgliedern seines Kabinetts zu einem Treffen ins Tibethaus nach Frankfurt. Dessen Magistrat, allen voran Oberbürgermeister Peter Feldmann (SPD) und Kirchendezernent Uwe Becker (CDU), kam zur Begrüßung in die Paulskirche. Auch ein privates Treffen mit dem ehemaligen Ministerpräsidenten Roland Koch war dem prominenten Gast wichtig. Und auch der Verein »Freunde für einen Freund« lud im Rahmen dieses Besuches des Dalai Lama in Hessen wieder zahlreiche hessische Bürgerinnen und Bürger zu einer morgendlichen Veranstaltung mit dem Dalai Lama ein, bei der es darum ging, was Vertreter aus der Wirtschaft vom Dalai Lama für ihr tagtägliches Handeln lernen könnten. Neben vielen auch praktisch anwendbaren Weisheiten beeindruckte laut Frank Auth viele Teilnehmer der einfache Ratschlag im Umgang mit Mitmenschen: »Trenne immer die Person und ihr Verhalten voneinander bewusst ab.« Unter den vielen Besuchern war auch der Sänger Heino, der sich, so erinnert sich Auth, ebenso wie alle anderen Teilnehmer von der besonderen Ausstrahlung des Dalai Lama sehr bewegt zeigte.

Wolfgang Grader von der Tibet-Initiative Deutschland argumentierte, bei so vielen Besuchen in Deutschland sei es normal, dass dem Dalai Lama nicht jedes Mal ein roter Teppich durch die Politik ausgerollt werden könne. Aber insbesondere Frankfurt und Hessen seien Tibet gegenüber schon immer sehr aufgeschlossen gewesen. Thomas Mann pflichtete ihm bei. Der CDU-Mann aus Schwalbach saß von 1994 bis 2019 im Europaparlament und führte viele Jahre die dort beheimatete »Tibet-Intergroup«. Er könne 2014 keine Schlechterbehandlung des Dalai Lama in Hessen gegenüber früheren Besuchen erkennen. Er ergänzte: »Der Kampf für Menschenrechte darf nicht an der Garderobe der Wirtschaftsinteressen abgegeben werden.«

1 Der Dalai Lama trifft den chinesischen Schriftsteller Liao Yiwu in der Paulskirche, Frankfurt 2014.
2 Bei einem Empfang des Vereins in Frankfurt mit Vertretern aus Politik, Wirtschaft und Kultur erlebt der deutsche Musiker Heino den Dalai Lama und ist beeindruckt.
3 Empfang der »Freunde für einen Freund«, Frankfurt 2014.
4 Öffentliche Ansprache vor Tausenden Hessen in der Ballsporthalle Höchst auf Einladung des Tibethauses.
5 Der Dalai Lama diskutiert gerne mit jungen Menschen, hier mit Schülern in der Paulskirche auf Einladung des Tibethauses Frankfurt.

2015 – Der 80. Geburtstag: Drei Tage in Hessen und Ansprache vor 20.000 Gästen

Tenzin Gyatso, der 14. Dalai Lama, feiert als Buddhist seinen Geburtstag normalerweise nicht. Obwohl ihm seine Bescheidenheit also das Feiern verbietet und auch sein Mönchsgelübde den Genuss von Alkohol untersagt, ließ Seine Heiligkeit zu, dass Hessen den 80. Geburtstag im Jahr 2015 ausgiebig für und mit ihm zelebrierte. Ein wenig verspätet vom 12. bis zum 14. Juli 2015.

Gastgeber und Ausrichter waren, wie schon 2005 zum 70. Geburtstag, die »Freunde für einen Freund«. Deren Vorsitzender Frank Auth hat einmal zusammengetragen, was hinter den Kulissen geschehen musste, damit auf der Bühne alles wie am Schnürchen lief. Einige Zahlen: Ein Kernteam aus acht Personen bereitete die Events ein halbes Jahr lang vor; unterstützt wurde es durch Helfer des Tibethauses, des Museums für Angewandte Kunst sowie durch Mitarbeiter befreundeter Firmen. Die Gesamtkosten für drei Tage, die private Sponsoren mit Geldspenden oder Sachleistungen aufbrachten, betrugen eine halbe Million Euro. Bei der Geburtstagsfeier im Wiesbadener Kurpark halfen 154 Freiwillige, ein Unternehmen stellte 57 Sicherheitsmitarbeiter, in Bereitschaft standen zwei Hundertschaften der hessischen Polizei. Es flossen 20.000 Liter Mineralwasser gratis. 4000 gewebte Armbänder, 450 individualisierte Perlenarmbänder und 135 Dalai-Lama-T-Shirts wurden als Andenken produziert.

Auf Bitten des Vereins hatte die Landesregierung in Ergänzung zum Programm der »Freunde« die Visite zum »protokollarischen Besuch« erklärt. Damit war der Besuch des Dalai Lama auch auf politischer Ebene offiziell registriert. Und das nicht nur bei der Landespolitik, sondern auch auf kommunaler Ebene bei Empfängen des Dalai Lama in den Rathäusern von Frankfurt und Wiesbaden mit Eintrag ins Goldene Buch, die alle der Verein arrangiert hatte. Und zum Abschluss gab es einen als »offiziell« deklarierten Empfang im Hessischen Landtag. Dort warteten Parlamentspräsident Norbert Kartmann und Ministerpräsident Volker Bouffier sowie Stellvertreter Tarek Al-Wazir mit Fraktionsvorsitzenden, um dem Friedensnobelpreisträger zum insgesamt vierten Mal eine Begegnung im ehemaligen Stadtschloss der Nassauer zu ermöglichen.

Der Kurpark Wiesbaden war zum Auftakt am Sonntag Schauplatz der größten »Geburtstagsparty«. Vor 18.000 Gästen, bei freiem Eintritt, sprachen Roland Koch und die Bundestagsvizepräsidentin Claudia Roth (Die Grünen) nach der Begrüßung durch Frank Auth und Wiesbadens Bürgermeister Arno

Auf Einladung der »Freunde für ein Freund« spricht der Dalai Lama erneut im Kurpark Wiesbaden und wieder kommen über 20.000 begeisterte Hessen um ihn zu erleben.

1

2

3

Gossmann. »Too much« sei das alles zu seinen Ehren, kommentierte der Dalai Lama zu Beginn. Man lobe so oft sein Engagement für Nächstenliebe und Mitgefühl. Dabei gebe es unweit von hier eine Institution, die das vorlebe: die Europäische Union, meinte der Redner. Die aktuelle Krise innerhalb der EU habe mit Geld zu tun, spielte er auf den Konflikt zwischen Brüssel und Griechenland an. Darüber dürfe die Einheit Europas nicht vergessen werden, betonte er. Einen Tag später hatten die »Freunde« zusammen mit dem Tibethaus und dem Museum für Angewandte Kunst eine Begegnung zwischen Seiner Heiligkeit und 70 Schülerinnen und Schülern organisiert, die von 23 Schulen aus dem Rhein-Main-Gebiet entsandt worden waren. Die Diskussion mit der jungen Generation kam auf ausdrücklichen Wunsch des Gastes zustande. Neben Christof Spitz, seinem ständigen Übersetzer, half Schauspieler Ralf Bauer wie schon 2014 in der Paulskirche als Moderator. Ob Reichtum glücklich macht, wie das Bewusstsein das Gehirn prägt und wie Seine Heiligkeit das Verhältnis der Europäer zu Russland und China bewerte, das waren die Themen. Hier zeigt sich das große und breite Interesse des jungen Publikums an Seiner Heiligkeit. »Der beste Freund ist der Feind«, durch ihn lerne man echte Zuneigung, antwortete der Dalai Lama auf die letzte Frage.

Zu einem Familienfest der tibetischen Gemeinde wurde die vom Tibethaus zum Abschluss dieses Besuchs organisierte Feier mit 3000 Gästen in der Jahrhunderthalle. Von der Geburtstagstorte – drei Bissen probierte der Geehrte – bis zum Ständchen boten die Landsleute noch einmal vieles auf, was im Westen zu einer Geburtstagsfeier gehört. Als besondere Überraschungen spielten Musiker aus der Mongolei, aus dem Senegal und Mitglieder des Ensembles aus dem Tibetischen Institut der Darstellenden Künste. Drei Wortbeiträge sollten zeigen, dass die Wertschätzung in Hessen von politischer Seite fortbestand. Christian Schwarz-Schilling, ehemaliger Bundesminister und langjähriger Bundestagsabgeordneter aus der Wetterau, lobte den Rückzug des Dalai Lama aus dem politischen Tagesgeschäft. Ein Beispiel, dem andere folgen sollten, meinte der Menschenrechtsexperte und Chinakenner und spielte damit auf die damit vollzogene Trennung des geistlichen und politischen Amtes an.

Für das Europa-Parlament sprach dessen hessischer Abgeordneter Thomas Mann, der zugleich die Tibet-Gruppe in Straßburg leitete. Er berichtete, dass die Mitglieder kürzlich ihr 100. Treffen abgehalten und zu Ehren des 80. Geburtstages eine Fotoausstellung in den Parlamentsräumen organisiert hätten.

1 Der langjährige Freund und Ministerpräsident a. D. Roland Koch begrüßt den Dalai Lama in Hessen

2 Bundestagsvizepräsidentin Claudia Roth spricht ein Grußwort zum 80. Geburtstag des Dalai Lama.

3 Anlässlich des 80. Geburtstages haben die »Freunde für einen Freund« auch alle anderen Freunde und Unterstützer der Tibeter in Deutschland und aus den Nachbarländern eingeladen und ein großes Zeltdorf errichtet, in dem sich die Besucher über Tibet informieren können.

1

FREUNDE FÜR EINEN FREUND
FRIENDS FOR A FRIEND
2

3

4

5

6

XIV. DALAI LAMA
7

8

9

1 Zeltdorf mit Konzertmuschel im Hintergrund.
2 Die tibetische Sängerin Dechen Dagsay tritt mit ihrer Band auf und singt tibetische Mantras zu Ehren des Dalai Lama.
3/4 Ob jung oder alt, Familie, Freunde oder Fremde – alle Gäste sind begeistert von der Ansprache Seiner Heiligkeit.
5 Frank Auth, der Vorstandsvorsitzende des Vereins »Freunde für einen Freund« begrüßt die Gäste.
6 Der Dalai Lama begeistert die Menge mit seiner authentisch freundlichen Ansprache.
7 Wo immer der Dalai Lama auftritt, zieht er die Menschen in seinen Bann.
8 Auch die Exiltibeter lachen herzlich über die Witze des Dalai Lama.
9 Der Dalai Lama bedankt sich bei den über 100 freiwilligen Helfern, die für den reibungslosen Ablauf gesorgt haben.

1

2

3

4

5

6

7

8

1 Der Dalai Lama spricht am Morgen im Rahmen einer Meditation der »Freunde für einen Freund« zu geladenen Gästen aus Politik, Wirtschaft und Kultur.

2/3 Im Rahmen des dreitägigen Besuchs in Hessen trifft der Dalai Lama im Museum für Angewandte Kunst mit Kindern aus verschiedenen Frankfurter Schulen zusammen und diskutiert mit ihnen. So erfahren die Kinder aus erster Hand etwas über tibetische Kultur.

4 Freundin seit Geburt: Die junge Soley trifft erneut den Dalai Lama.

5 Der Direktor, Matthias Wagner K, und Frank Auth führen den Dalai Lama durch das Museum.

6/7 Der Dalai Lama bedankt sich bei den jüngeren Kindern für ihre selbst gemalten und gebastelten Geschenke.

8 Im Rahmen des dreitägigen Besuches gibt es vor der Ansprache im Kurpark eine Pressekonferenz, auf der der Dalai Lama zur Situation in Tibet Stellung nimmt.

1

2

3

4

5

6

7

Mann erinnerte daran, dass der Dalai Lama 1988, 1996 und 2001 Gast des Hohen Hauses gewesen sei. Michael Brand vertrat den Bundestag. Der CDU-Abgeordnete aus Fulda sprach als Vorsitzender des Ausschusses für Menschenrechte und humanitäre Hilfe. Er dankte dem Dalai Lama für inspirierende Gespräche in schwierigen Zeiten und versicherte ihm, dass das Parlament an der Seite des friedfertigen tibetischen Volkes stehe.

Der Dalai Lama betonte in seiner Dankesrede, wie sehr er sich darüber freue, dass mittlerweile so viele »chinesische Brüder und Schwestern« ihn unterstützten. In den vergangenen fünf Jahren lese er eine wachsende Zahl von chinesischen Artikeln, in denen der »Mittlere Weg« gelobt und die Minoritätenpolitik der Regierung in Peking kritisiert werde. In China lebten 300 Millionen Buddhisten, viele von ihnen seien Intellektuelle. Das Land sei historisch buddhistisch geprägt, die Zahl der Anhänger nehme eher noch zu. Das gelte auch für das Bedürfnis, mehr über die buddhistische Philosophie zu erfahren. Er selbst, versprach der Dalai Lama, werde für den Erhalt der tibetischen Sprache und Kultur kämpfen, »solange ich lebe«. Augenzwinkernd fügte er hinzu: »Wenn ich sehe, wie meine Freunde altern, wird mir erst klar, dass auch ich alt werde. Wie auch immer – körperlich mögen wir altern, aber unsere Entschlossenheit ist groß wie immer.«

1 Vertreter der hessischen Landesregierung und Abgeordnete treffen den Dalai Lama im Landtag. V.l.n.r.: Dr. Jörg Uwe Hahn, Hessischer Minister der Justiz; Inge Velten, CDU-Landtagsabgeordnete; Matthias Wagner, Fraktionsvorsitzender Bündnis 90/Die Grünen im Hessischen Landtag; Horst Klee, Alterspräsident des Hessischen Landtags; der Dalai Lama; Michael Boddenberg, CDU-Fraktionsvorsitzender im Hessischen Landtag; Volker Bouffier, Ministerpräsident Hessen; Norbert Kartmann, Landtagspräsident Hessischer Landtag..

2 Der Oberbürgermeister von Frankfurt, Peter Feldmann, verabschiedet den Dalai Lama nach einem Empfang im Römer.

3 Auch in Frankfurt sind zahlreiche Exiltibeter und Freunde vor Ort, die den Dalai Lama freudig begrüßen.

4 Der Dalai Lama trägt sich ins Gästebuch des Hessischen Landtages ein.

5 Der Dalai Lama besucht auf Einladung der »Freunde für einen Freund« auch die Stadt Frankfurt und spricht im Frankfurter Römer vor Vertretern der Stadt und des Stadtparlaments.

6 Auf Einladung des Vereins treffen Landgraf Donatus von Hessen und Landgräfin Floria von Hessen den Dalai Lama und sind tief beeindruckt.

7 Der Dalai Lama im Hessischen Landtag in Begleitung des hessischen Ministerpräsidenten Volker Bouffier und des stellvertretenden Ministerpräsidenten Tarek Al-Wazir.

1

2

3

4

Persönliche Begegnungen

Es gibt Berufe, zu deren Jobbeschreibung gehört das Adjektiv »unsichtbar«. Das sind die Möglichmacher, die Beschützer, die Organisierer, man könnte sie auch Dienstleister nennen. Sie sitzen am Steuer, reinigen Zimmer, stehen hinter Tresen, achten darauf, dass sie möglichst selten auf Fotos auftauchen, oder sie schützen das Leben Prominenter – im schlimmsten Fall mit ihrem eigenen Körper. Wer so im Hintergrund bleibt, in den Kulissen verschwindet, fast so etwas wie eine Tarnkappe trägt, der hat ein Gespür für das Verhalten anderer. Insbesondere für diejenigen, die im Rampenlicht stehen, deren Lebensinhalt es ist, alle Augen auf sich zu ziehen. Und dann kommt einer auf die Unsichtbaren zu, direkt und ohne Umschweife, die Würdenträger sind links und rechts aufgereiht, aber er lässt die Ehrengäste warten – und lächelt andere an: den Kellner, das Zimmermädchen, den Bodyguard, das Kind. Da war die Garderobenfrau im Capitol von Washington, mit der Jetsun Jamphel Ngawang Lobsang Yeshe Tenzin Gyatso, so sein kompletter Titel, ein Schwätzchen hielt, während die US-Senatoren warten mussten. In einem Straßburger Nobelhotel verharrte das Präsidium des Europa-Parlaments am Ehrentisch, denn der Ehrengast hatte durch einen Türschlitz die neugierigen Gesichter einiger Köche in der Küche entdeckt und enteilte zu ihnen. Mit den Worten »Mmh, riecht gut« kehrte er erst nach einer Weile an seinen Ehrenplatz zurück.

Joachim Zimmermann war jahrzehntelang Personenschützer in Diensten des Landes Hessen. Er wachte bei Staatsbesuchen über das Leben der Queen, des libyschen Autokraten Gaddafi und des niederländischen Königspaares, aber diese Zugewandtheit hatte er noch nicht erlebt: »Er wollte wissen, wie ich geschlafen habe.« Noch heute klingt Überraschung aus seiner Stimme, wenn er von Autofahrten mit Seiner Heiligkeit berichtet. Zu der Zeit saß der prominente Fahrgast noch im Fond, der Personenschützer auf dem Beifahrersitz. Von hinten bot er dem Polizisten und dem Fahrer Süßigkeiten an. Stephan Stadler, der als Leiter der Fahrbereitschaft längst nicht mehr selbst hinterm Steuer hätte sitzen müssen, teilte sich zum Chauffeurdienst ein, wenn der Dalai Lama auf Besuch kam. »Ich habe mich gefreut, wenn er bei mir im Auto saß, denn er war immer gut gelaunt. Mit den Bonbons hat er uns unterwegs regelrecht

1 Personenschützer Joachim Zimmermann (Bildmitte) lässt den Dalai Lama und seine Umgebung nicht aus den Augen.
2 Personenschützer Zimmermann hat den Gast so oft begleitet, dass man sich freundschaftlich begrüßt.
3 In Hessen stets in Begleitung von Roland Koch und Dieter Beine.
4 Es sind immer dieselben Polizisten, die freiwillig den Dienst übernehmen, ihn zu beschützen. Man kennt sich. man sich freundschaftlich grüßt.

gefüttert.« Und ausgerechnet diejenigen, die möglichst keiner beachten sollte, freuten sich wie Kinder, wenn der kleine Mann mit der gelb-roten Robe von sich aus zum Gruppenfoto bat. So gut wie jeder Polizist, der zum Begleitkordon des tibetischen Gastes gehörte, von der Motorradstreife bis zum Bodyguard, hat ein solches Erinnerungsfoto an der Wand hängen. Andreas Zimmermann, Joachims Sohn, hat den Dalai Lama 2018 einmal von Frankfurt nach Darmstadt chauffiert. Das Foto, auf dem er mit Seiner Heiligkeit auf dem Flugfeld des Frankfurter Airports zu sehen ist, hat ihm der Vater auf Postergröße drucken lassen – es schmückt nun sein Büro. Zimmermann junior hat sich in seiner Jugend weder die Starschnitte der Bravo an die Wand geklebt noch Erinnerungsfotos von irgendeinem anderen Prominenten, den er kutschiert hat, aufbewahrt. Die menschliche Zuwendung des Tibeters, den seine Landsleute als Gottgleichen verehren, empfindet Zimmermann auch im Nachhinein noch als ein einschneidendes Erlebnis.

Diese Nähe zum Schutzbefohlenen birgt auch Risiken. Die politische oder religiöse Ausrichtung einer Person dürfe keine Rolle spielen, sagt Vater Joachim mit seinen mehr als 30 Jahren Erfahrung. Dank der Zugewandtheit des Dalai Lama war er oft auf Augenhöhe mit ihm, aber ein Personenschützer muss Überblick haben. Der Dalai Lama ist ein Ausbrecher. Er schüttelt Hände, nimmt Babys auf den Arm, umarmt wildfremde Personen und geht keiner Menschenmenge aus dem Weg – ohne Rücksicht auf Zeitpläne, Laufwege, Rangordnungen. Ein Horror für jemanden wie Protokollchef Beine oder den Polizisten Zimmermann. Zu fast jedem Besuch gehörte der Protest von Gegnern des Dalai Lama, Angehörige der Shugden-Sekte oder Chinesen. »Wenn wir entscheiden dürften, wäre da kein Mensch«, sagt Zimmermann und erinnert an die Szenen vor dem Nassauer Hof in Wiesbaden, in denen ein überschaubarer Kreis von Menschen hinter einer Absperrung Plakate in den Himmel streckte und lautstark protestierte: »Dalai Lama Lyer.« Das sind Interessenkonflikte, die sich nicht lösen lassen: »Er sieht nichts Böses in den Menschen. Und mein Job ist, das Böse zu sehen.« Für den Personenschützer macht es keinen großen Unterschied, ob eine Menge vermeintlich freundlich oder feindlich gesinnt ist. »Viele Anhänger sehen den Dalai Lama und sind in einer anderen Welt. Für mich war wichtig, den zu erkennen, der nicht so entrückt guckt. Auf den muss ich achten.« Man könnte meinen, dass ein Beamter nach solchen Einsätzen urlaubsreif sei. Bei Zimmermann war es umgekehrt: Er verlegte eigens seine Ferien, um immer dann Dienst zu tun, wenn der Dalai Lama nach Hessen kam.

Christof Spitz hat sich intensiv mit dem tibetischen Buddhismus beschäftigt und den Dalai Lama seit den 1990er-Jahren als Dolmetscher begleitet. Auch er gehört zu denen, die man beim offiziellen Protokoll schnell übersieht, selbst wenn von der Botschaft Seiner Heiligkeit ohne seine Stimme nicht viel verstanden würde. Er hat beobachtet: »Seine Begegnungen mit Menschen sind unabhängig von ihrem Status. Natürlich wusste er, dass Roland Koch Ministerpräsident war, aber als Mensch macht er keinen

Unterschied zwischen solch einem VIP im Vergleich zu einem Polizisten oder Bediensteten im Hotel.« Er überwinde mühelos Barrieren. Für seine tibetischen Landsleute sei er Seelsorger, Vater, Mutter, Oberhaupt – alles gleichzeitig. Geprägt ist diese Haltung durch den Buddhismus, der vorgibt, dass alle Lebewesen gleichwertig sind. »Was uns eint, ist der Wunsch nach Wohlergehen und Leidfreiheit.« Jeden Morgen, wenn der Dalai Lama um 3:30 Uhr aufsteht, beginnt er laut Spitz seine Übungen mit einer Meditation, in der die Menschen alle auf einer Ebene mit einem selbst sind. Als ein Erleuchteter sehe der Dalai Lama eine Verpflichtung anderen gegenüber, die er aus einem uralten indischen Gebet rezitiert:

Solange die Welt besteht,
und so lange es Lebewesen gibt
will auch ich unter ihnen weilen
um das Leiden der Welt zu beseitigen

So vermittelt der Geistliche jedem Einzelnen das Gefühl »Er schaut mich an«, selbst wenn er eine ganze Gruppe anspricht. Dr. Bernward Löwenberg hatte das geistige Oberhaupt der Tibeter zu seiner Zeit als Landrat im Main-Taunus-Kreis willkommen geheißen, als dieser noch keinen »Promi-Status« besaß. Man kannte sich nicht. »Ich habe noch nie bei einem Menschen erlebt, dass es sich gleich so vertraut anfühlt. Man hat keine Berührungsängste vor ihm. Dabei ist er der Gottkönig von Tibet.«

Im Audienzraum von Dharamsala ist Frank Auth, der Mitgründer der »Freunde für einen Freund«, dem Dalai Lama begegnet: »Ich glaube, dass ich zum ersten Mal einen Menschen erlebt habe, bei dem ich das Gefühl hatte, das, was er sagt, und das, was ich spüre, ist zu hundert Prozent synchron. Deckungsgleich.« Die Hessen würden sagen: »Der ist vorne wie hinne.« Elke Hessel, die viele Jahre das Tibethaus in Frankfurt geleitet hat, war als eine der wenigen »Westler« in Dharamsala dabei, als Tenzin Gyatso (zu Deutsch »Ozean des Wissens«) 14 Tage lang große tantrische Ermächtigungen lehrte. »Damals hat er Unterweisungen gegeben, in denen er zwischen fünf philosophischen Texten hin- und herjonglierte. Unglaublich beeindruckend. Daher schätze ich ihn als großen Geist, er ist ein echtes Brain.« Aber in der westlichen Welt habe er die hiesigen Bedürfnisse der Menschen wahrgenommen und deshalb in einer einfachen, klaren Sprache über Mitgefühl, Verbundenheit und über säkulare Ethik gesprochen.

Entwaffnend wirkt auf viele sein Lachen. »Es ist so befreiend. So ein Lachen kenne ich nur von kleinen Kindern bis vielleicht zwei Jahre. Danach haben sie sich unter Kontrolle«, beschreibt es Frank Auth. Die Grünen-Politikerin Evelin Schönhut-Keil war völlig perplex, als der Dalai Lama die historische halbe Stunde seines ersten Parlamentsauftritts im Landtag mit einem herzhaften Gelächter einleitete.

1

2

3

Seine spontane Begeisterung, die weder konstruiert noch gekünstelt wirkt, überrascht immer wieder. Wenn die Krafträder der Motorradeskorte an seiner Autoscheibe vorbeisausten, habe er auf die Kollegen gedeutet und sich kindlich darüber amüsiert. Wie eine Biene summte der gelehrte Mönch, als ihm Landtagspräsident Norbert Kartmann eine Kollektion Honig hessischer Imker zum Geschenk machte. Und es sind die einfachen Sätze, die hängen bleiben: »It's like coming home.« Das rief der Gast als Erstes Karl Nüser zu, wenn er zum wiederholten Male vor dem Nassauer Hof in Wiesbaden eintraf. Der Hoteldirektor kam dem Gast entgegen, musste aber darauf gefasst sein, dass dieser nach einer kurzen Begrüßung direkt auf einen Kellner oder Gast zulief und diesen in ein Gespräch verwickelte. Der Norddeutsche Nüser musste auch verkraften, dass ihn jemand herzlich an der Hand nahm und sie gelegentlich minutenlang festhielt. Hand in Hand. Eine solche Szene wird auch Andreas Zimmermann nie vergessen. Als er 2018 den Dalai Lama auf dem Flugfeld abholte, musste der mobil eingeschränkte Fahrgast vorne einsteigen. »Einer schob von hinten, ich zog ihn mit der rechten Hand auf seinen Sitz. Dann hat er nicht mehr losgelassen, die ganze Strecke bis Darmstadt.« Für den erfahrenen Berufskraftfahrer trotz der Automatikschaltung eine Herausforderung. Schließlich sei man in einer Kolonne gefahren, und zusätzlich hätten sie Motorräder flankiert. Dagegen gewehrt hat er sich nicht.

Die spontane körperliche Berührung überrascht in unserem Kulturkreis, weil es nicht zu den Gewohnheiten auf offiziellem Parkett gehört, einer Person mehr oder weniger kräftig länger als eine Sekunde die Hand zu drücken. Zudem versäumte es kein tibetischer Begleiter, den Westler darauf hinzuweisen, dass man Seine Heiligkeit bitte nicht anfasse. Dabei machte Seine Heiligkeit oft den ersten Schritt. »Ich hatte bis dahin noch nie erlebt, dass, wenn ein Mensch mich anfasst, es mir warm durch den ganzen Körper fließt. Das hat mich damals richtiggehend erschüttert. Jedes Mal, wenn ich ihn traf, und er nahm meine Hände, dann ging das wie ein warmer Strom durch mich.« Bernward Löwenberg erinnert sich an eine weitere Episode: Ins Bad Sodener Kurhaus hatte der Hessische Kreis 500 Gäste zu einer exklusiven Veranstaltung geladen. Auf der Bühne: der Dalai Lama und Landrat Löwenberg. Nach einem Vortrag des Gastes stellte jemand aus dem Publikum die Frage: »Sind Sie ein Gott?« Löwenberg schildert die Reaktion: »Er lachte sein berühmtes kollerndes Lachen. Nein, ich bin kein Gott. Ich bin ein Mensch aus Fleisch und Blut. Er nahm meine Hand und legte sie auf seinen nackten Arm. Dazu fragte er: Ist das Fleisch oder ist das Geist? Das ist Fleisch, habe ich geantwortet. Sehen Sie, der Landrat sagt, ich bin kein Gott, sagte er.«

1/2 Dieter Beine und Frank Auth erhalten die Kata, den traditionellen weißen Schal, vom Dalai Lama, Zürich 2024.
3 Das Holzperlen-Armband von Dieter Beine, das der Dalai Lama während seiner Besuche immer trägt.

Protokollchef Dieter Beine wiederum ist stolz darauf, dass er Stirn auf Stirn begrüßt wird. Diese Geste gilt als besondere Auszeichnung. Für ihn sind feste Rituale der Begegnung besonders wichtig. Der Mann, der in mehr als zwei Jahrzehnten Hunderte von Staatsgästen Hessens unfallfrei durch die Klippen des Protokolls gesteuert hat, ist meist der Erste am Flugzeug, wenn der beliebteste Gast des Bundeslandes in Frankfurt landet.

Nach der Begrüßung wechselt sein einfaches Armband mit Holzperlen den Besitzer. »Der Dalai Lama trägt es während des gesamten Aufenthalts. Er lädt es für mich auf, und beim Abflug bekomme ich es zurück.« Beine ist weder Buddhist noch Esoteriker. Für ihn ist der Mann aus Tibet ein Freund geworden. Einer, der ihn mal getröstet hat. Damals, als der Aufzug stecken blieb und der von Klaustrophobie geplagte Beine Pulsrasen bekam. Da spürte er die Finger des Dalai Lama an seiner Hand. Mit seiner Erfahrung als Arzt der tibetischen Medizin habe dieser bestimmte Punkte gedrückt. »Dann ging es mir besser.« Damit überbrückte der Helfer unkonventionell zähe 20 Minuten, bis der Lift sich wieder in Bewegung setzte.

»Shining Head«, so nennt der Dalai Lama seinen wichtigen Begleiter während der Tage in Hessen, eine Anspielung auf die spärliche Haarpracht des Mannes, der dafür zu sorgen hat, dass von der Motorradeskorte bis zur Flaggenhissung alles wie am Schnürchen läuft. »Für mich ist er ein Menschplus, er hat eine Message. Mir hat er mit einigen Tipps geholfen, Aggression und Aufregung im Zaum zu halten«, sagt Dieter Beine. Das Ritual: Egal, ob der Mann aus Dharamsala zu Besuch anreist, eine Kurzkonferenz mit Roland Koch im Flughafenhotel abhält oder zum Stopover vor dem Weiterflug in die USA im Transitbereich sitzt, eine halbe Stunde stibitzt sich Dieter Beine immer, um den Dalai Lama zu treffen. Daher ist meist das Erste und das Letzte, was dieser von Frankfurt sieht, bevor sich die Kabinentür öffnet oder schließt, der »Shining Head«.

Man kann sich vorstellen, dass hartgesottene Männer wie Joachim und Andreas Zimmermann nicht so schnell zu beeindrucken sind. Aber wenn sie von den Kollektionen der Erinnerung erzählen, die sie zu Hause angesammelt haben, bekommt der Zuhörer einen Eindruck davon, wer bei ihnen die stärkste Wirkung hinterlassen hat. Gleich vier Katas, also weiße Schals, hat Vater Joachim aufbewahrt; in seiner Souvenir-Vitrine sind drei Fächer für den Dalai Lama reserviert. Darin lagern ferner: rote Bänder, Flyer und Kärtchen der Veranstaltungen, eine CD, ein Buch. Sohn Andreas gesteht, dass er kein großer Bücherfreund ist, aber das kleine Buch des Dalai Lama, das ihm einer seiner Begleiter in die Hand gedrückt hat, das hat er gemeinsam mit seiner Frau gelesen. Stephan Stadler, der ehemalige Cheffahrer der Staatskanzlei, hat für den weißen Schal einen besonderen Platz gefunden. Er hängt an der Wand über dem Ehebett.

Verblüffend wirkt auf viele die absolute Fokussierung des Dalai Lama auf ein Thema oder eine Person. Schon zwei Tage begleitete der Journalist Jörg Eigendorf 2011 die Delegation Seiner Heiligkeit auf ihrer Reise durch Hessen. »Aber mehr als ein Hello und ein kurzer Händedruck war nicht drin. Er hat mich überhaupt nicht beachtet«, erzählt der damalige Ressortleiter der Wirtschaftsredaktion der Zeitung »Die Welt«. Dabei gab es eine Vorgeschichte. 2005 hatte Eigendorfs Frau ihm das Buch »Was aber ist Glück?« geschenkt, worin der Dalai Lama Fragen zum Leben beantwortet. Die Eigendorfs kümmerten sich damals Tag und Nacht um Philip, ihren behinderten Sohn. »Er konnte so gut wie nichts selbst machen, hatte häufig Fieberkrämpfe, ich habe damals höchstens eine Stunde in der Nacht mal durchschlafen können.« Die geschriebenen Worte des Dalai Lama hätten ihm Kraft gegeben, sagt Eigendorf. Er wollte diesen Mann kennenlernen. »Unser Sohn Philip hat mich zu ihm geführt, ich war praktisch Philips Medium.« Philip besuchte zu dem Zeitpunkt schon die Friedberger Gehörlosenschule und lebte dort im Internat. Die Finanzkrise 2008 war der äußere Anlass für eine Recherchereise nach Dharamsala. Dort, im Exil, traf Eigendorf den Dalai Lama. Der Journalist und Vater eröffnete das Gespräch mit der Erwähnung von Philips Schicksal und erwähnte das Buch. Ein langes Gespräch über Marxismus und Kapitalismus, über Mao und Wirtschaft schloss sich an. Erst beim Verlassen des Audienzsaales nahm der Dalai Lama seinen Besucher beim Arm und sagte: »Bei meinem nächsten Besuch in Hessen besuche ich die Schule Deines Sohnes.«

Tragisch: Kurz vor dem Besuch der Schule im August 2011 kollabierte Philips Lunge, er lag auf der Intensivstation. Seine Heiligkeit fuhr trotzdem nach Friedberg in seine Schule, Jörg Eigendorf war Teil der Delegation. Er beobachtete, wie dieser beherrschte Mann, der unzähligen Menschen begegnet war und sie für sich begeistert hatte, auf so gut wie kein Echo von den Kindern stieß. »Sie hörten ihn nicht, sahen ihn nur schemenhaft und als er ein Kind berührte, krampfte es. Das hat ihn zutiefst bewegt.«

Wie sehr, das spürte Eigendorf einen Tag später, als er vor der Abreise des Dalai Lama eine Stunde lang allein treffen durfte. Das Gespräch drehte sich um die Kinder, um die Eltern, wie sie es schafften, den Alltag und all die Herausforderungen zu bewältigen. »Der Dalai Lama stellte mir eine Frage nach der anderen.« Jetzt war der Fokus nur noch auf diesen Vater und seine Familie gerichtet. Einen Monat nach dem Besuch starb Philip, am 21. September 2011. Die Verbindung zu seinem Sohn und zum Dalai Lama ist geblieben.

Zwar meditiert Eigendorf schon seit dem zehnten Lebensjahr, aber die Begegnung mit dem tibetischen Mönch hat ihm dabei eine neue Dimension eröffnet. Er sei Teil des Ganzen geworden, durch das Buch, durch die Gespräche habe er unfassbar viel Kraft gegeben – und Sinn. Mit der Botschaft »hier ist so viel mehr, als wir sehen und fühlen können«. Was Eigendorf heute sieht: Die Parallele zwischen seinem

1

Sohn und dem Dalai Lama liegt auch in der besonderen Art der Kommunikation. Philip, der nicht schreiben, lesen, sprechen oder mit Gesten etwas signalisieren konnte, rührte die Herzen der Menschen. Beim Dalai Lama gehe es nicht darum, was er sagt, auch bei ihm nehme die Kommunikation andere Wege.

Zürich, 1. September 2024, 9 Uhr, ein Sonntag. Das Hallenstadion im Stadtteil Oerlikon ist festlich geschmückt. Viele tausend Tibeter sind gekommen, um ihr geistliches Oberhaupt zu sehen. Zum letzten Mal? Der 89 Jahre alte Tenzin Gyatso musste sich vor wenigen Wochen einer Knieoperation in den Vereinigten Staaten unterziehen, nach der Reha macht er auf der Rückreise in Zürich Station. Es war seit vielen Jahren der erste Flug auf einen anderen Kontinent. Die Pandemie, die angeschlagene Gesundheit und das abnehmende Interesse der Welt am Schicksal der Tibeter sind die Gründe. In der Schweiz leben allein 8000 Tibeter. Aber an diesem Sonntag sind nicht nur sie gekommen. Aus Frankreich, aus den Niederlanden und vor allem aus Deutschland sind Tibeter und Freunde angereist. Unter ihnen Dieter Beine und Frank Auth. »Wir wollten Seiner Heiligkeit noch einmal unsere Verbundenheit versichern, und ihm von unserem Buchprojekt zu seinem 90. Geburtstag erzählen«, berichtet Frank Auth. Am Rande der Unterweisung gelang es den Hessen, einen Gruß mit dem umlagerten Dalai Lama auszutauschen. Und sie erhielten die Zusage, dass der oberste Tibeter für das Buch ein Grußwort schreiben werde.

2

1 Kontakt halten während der Pandemie: Zoom-Konferenz mit Seiner Heiligkeit um 5 Uhr morgens deutscher Zeit.
2 Lebenslangzeremonie der Tibeter für Seine Heiligkeit in Zürich.

Empfang der exiltibetischen Gemeinde zu Ehren des Dalai Lama im Hallenstadion, Zürich 2024.

Stellungnahmen aus Politik und Gesellschaft

Astrid Wallmann (CDU), Präsidentin des Hessischen Landtags

Durch seine Persönlichkeit und seine Botschaft des Friedens und der Gewaltlosigkeit hat der 14. Dalai Lama Menschen auf der ganzen Welt berührt – so auch mich. Im Jahr 2011 habe ich als junge Abgeordnete seinen Besuch im hessischen Landtag erlebt. Seine damalige Rede vor dem Plenum gehört zu den herausragenden Ereignissen der jüngeren hessischen Parlamentsgeschichte. In ihr warb er um Unterstützung beim Schutz und der Bewahrung der tibetischen Kultur, Sprache und Identität. Der Dalai Lama hat durch sein persönliches Wirken immer wieder die Aufmerksamkeit auf das Schicksal der Tibeter gelenkt. Dies gilt in besonderer Weise für Hessen: Aufgrund enger freundschaftlicher Beziehungen besuchte er unser Bundesland bei seinen Deutschlandreisen häufiger als jedes andere. Diese enge Freundschaft und den Austausch zwischen den Menschen in Tibet und Hessen werden wir auch in Zukunft fortführen.

Norbert Kartmann (CDU), Präsident des Hessischen Landtags a. D.

Seine Heiligkeit, der 14. Dalai Lama, ist durch sein unermüdliches Eintreten für eine gewaltfreie Lösung des Konflikts um Tibet zu einem weltweiten Vorbild geworden. Dass unsere Welt solche Vorbilder braucht, erfahren wir täglich. In dieser realen und teilweise grausamen Welt leuchtet der kluge, der besonnene, der friedfertige Weg des Dalai Lama auf ganz besondere Weise auf. Sein Beispiel wird getragen durch die Hoffnung auf das Gute im Menschen, welches es zu wecken gilt, und sei es noch so aussichtslos. Geduld, Demut und Toleranz sind Grundlagen, um diesen Weg zu gehen, so wie er dies für sein Volk tut. Sich von den offensichtlichen Zwängen zu befreien und ungewöhnliche Schritte auf dem Weg des Friedens zu beschreiten – dies hat seit jeher auch die Träger des hessischen Friedenspreises ausgezeichnet, den der Dalai Lama 2005 erhalten hatte. Diese Zuschreibung galt im Besonderen für Seine Heiligkeit. Deshalb war es mir eine Ehre und ein Bedürfnis, ihn in meiner Zeit als Landtagspräsident als persönlichen Gast in das Parlament zu bitten, wann immer sich die Gelegenheit

TALES FROM
BROTHERS GRIMM
Selected
& Illustrated
by
1

2

BEYOND
RELIGION
3

ergab. Damit hat das Hohe Haus den Wunsch der Tibeter unterstützt, innerhalb des chinesischen Staates kulturelle Autonomie zu erringen. Der Anspruch auf die geistige und kulturelle Identität des tibetischen Volkes ist berechtigt.

Boris Rhein (CDU), Hessischer Ministerpräsident

Freundschaften zwischen Menschen stiften verlässliche und vertrauensvolle Verbindungen. Sie überwinden Grenzen – soziale, kulturelle, religiöse und nationale - und schaffen Nähe. Die Geschichte der engen Verbindung Hessens zum XIV. Dalai Lama ist ein lebendiges und hoffnungsvolles Beispiel, wie aus der Verbindung einzelner Menschen die Freundschaft eines Landes wurde. Die Persönlichkeit des friedlichen, warmherzigen und menschenzugewandten XIV. Dalai Lama hat viele Menschen, die ihn in Hessen erleben konnten, tief beeindruckt. Gerne trägt das Land Hessen diese Freundschaft und ihre zentralen Werte, Menschenliebe, Gewaltverzicht und Dialogbereitschaft in die Zukunft.

Volker Bouffier (CDU), Hessischer Ministerpräsident a. D.

Schon bei der ersten Begegnung 1995 im Landtag versprühte der Dalai Lama eine außergewöhnliche Aura. Sein Lachen war sehr ansteckend. Wir fühlten uns durch seinen Besuch sehr geehrt. Aus dieser ersten Begegnung sind viele geworden, ich war fast bei allen dabei. Als Ministerpräsident habe ich ihn mehrfach empfangen, gemeinsam mit meiner Frau, es waren immer besondere Erlebnisse. Oft war es eine Vertrautheit, als hätte man sich gestern zuletzt gesehen. Er vermittelt sofort eine große Nähe. Seine Berührungen waren Ausdruck einer besonderen Verbundenheit. Das verbindet Menschen auf besondere Weise. Man hat den Eindruck, als fließe ein Stück Energie dieses Mannes zu einem. Ich habe viele Menschen kennengelernt, von Obama bis Gorbatschow, viele Deutsche, die im Leben eine gewisse Bedeutung hatten. Da sortiert sich das ein bisschen in der Erinnerung mit der Frage, wer

1 Landtagspräsident Norbert Kartmann trifft den Dalai Lama seit vielen Jahren immer wieder gerne und überreicht ihm stets ein Gastgeschenk, 2014.

2 Horst Klee, Alterspräsident des Hessischen Landtags und langjähriger Tibetfreund, mit seiner Partnerin, 2015.

3 Ministerpräsident Volker Bouffier, der Dalai Lama und Vizeministerpräsident Tarek Al-Wazir, 2011.

1

2

3

bleibt: Und der Dalai Lama ist mit Sicherheit solch eine Persönlichkeit. Wir haben im Rahmen unserer Möglichkeiten versucht, auf das Schicksal der Tibeter hinzuweisen. Haben das auch als Teil des Selbstbestimmungsrechts der Völker und als demokratische Grundüberzeugungen verstanden. Unsere Verbundenheit seit den ersten Besuchen hat uns auch verpflichtet.

Den weißen Schal, den er mir mal geschenkt hat, den habe ich als Minister und als Ministerpräsident immer auf einer Anrichte in meinem Amtszimmer aufbewahrt – jeder Besucher wusste, was das heißt. Später habe ich ihn in meine Sammlung mit nach Hause genommen.

Horst Klee (CDU), Alterspräsident des Hessischen Landtags

Solche Führungspersönlichkeiten hat man nicht oft. Menschen mit dieser charismatischen Ausstrahlung gibt es immer weniger. Dabei lechzt die Öffentlichkeit nach jemandem, der außer durch seine politische Botschaft mit persönlicher Integrität überzeugt. Mit voller Überzeugung bin ich deshalb 2008 dem Freundeskreis »Freunde für einen Freund« beigetreten. Erlebt habe ich das Wirken Seiner Heiligkeit seit 1995, als er das erste Mal im Landtag gesprochen hat. Wir waren schon damals alle fasziniert. Bei all den Begegnungen, ob im Kurpark, im Kurhaus, in Darmstadt, in Frankfurt, hat man gespürt, dass alle, die zuhörten, so unterschiedlich sie waren, plötzlich zu einer Einheit wurden. Beeindruckend war, wie der Dalai Lama die jungen Leute im Publikum angesprochen hat. Sie haben seine Aura wahrgenommen. Die persönliche Begegnung mit dem Dalai Lama werde ich nie vergessen. Seine Fröhlichkeit ist ansteckend, man ist nach solchen Treffen euphorisch. Diese Momente haben sich tief in meiner Erinnerung eingegraben.

In Hessen hat man dem Druck von außen widerstanden. Die immer wiederkehrenden Proteste chinesischer Diplomaten zeigen mir nur eins: Die Chinesen haben vor einer Persönlichkeit wie dem Dalai Lama Angst. Nie verstanden habe ich das Wohlverhalten aufgrund wirtschaftlicher Verbindungen. Dass deutsche Unternehmen bei ihren Investitionen in China über Menschenrechtsverletzungen hinweggesehen, ist nicht akzeptabel.

1 Dirk Pfeil, ehemaliger Landtagsvizepräsident,und der Dalai Lama.

2 Wiesbadens Bürgermeister Arno Gossmann (SPD) mit Ehefrau Jenny, Roland und Anke Koch, Claudia Roth, 2015.

3 Der Dalai Lama verlässt den Hessischen Landtag in Begleitung des Ministerpräsidenten Volker Bouffier und Vizeministerpräsident Tarek Al-Wazir, 2011.

Auch wenn es international ruhiger geworden ist um die Person des Dalai Lama, pflegt der Landtag weiter die Verbindungen zu den Tibetern, etwa beim Empfang für den Regierungschef im Exil, Penpa Tsering, durch Präsidentin Astrid Wallmann. Auch das Tibethaus und der Freundeskreis tragen zu der Kontinuität bei.

Karl Starzacher (SPD), Präsident des Hessischen Landtags a. D.

Der Dalai Lama ist vielfach ausgezeichnet worden für seine Art, für den Frieden zu werben. Ihn damals als Vermittler und Friedensstifter zu kommunizieren, hielt ich für sehr wichtig. Die Entscheidung, ihm den hessischen Friedenspreis zu verleihen, fiel wie immer einstimmig. In der Öffentlichkeit war sie nicht unumstritten. Was wir auslösten, war uns bewusst. Von der Prominenz und von der öffentlichen Wirkung her war der Dalai Lama der Prominenteste unter den Preisträgern. Besonders beeindruckend an Seiner Heiligkeit sind für mich seine heitere Persönlichkeit und sein Humor. Einmal sagte er, er nehme sich jeden Tag vor, gut gelaunt zu sein. Er habe nämlich die Erfahrung gemacht, dass, wenn er gut gelaunt ist, die Leute in seiner Umgebung auch gut gelaunt sind. Vor der Haltung der jeweiligen Landesregierung, unabhängig von der Parteizugehörigkeit, vor allem vor Roland Koch, habe ich großen Respekt.

Dirk Pfeil (FDP), Vizepräsident des Hessischen Landtags a. D.

Mich hat der Dalai Lama durch sein Auftreten und sein persönliches Wirken überzeugt. Junge Menschen sind immer auf der Suche nach Vorbildern. Mir ist seine Art immer sympathisch gewesen. Er wirkte auf mich allein schon durch seine Einfachheit und seine Bescheidenheit. Er gibt ein gutes Beispiel, deshalb sind mir auch Szenen in Erinnerung, wo er auf Menschen eingeht, unabhängig davon, ob die Zeit drängt, ein wichtiger Gesprächspartner wartet. Am Flughafen wollte ihn unbedingt ein Mann im Rollstuhl treffen. Er und seine Frau waren eigens für den Dalai Lama dorthin gekommen. Es gab ein riesiges Gedränge, aber der Dalai Lama hat sich zu dem Mann heruntergebeugt und sich mit ihm intensiv unterhalten. Meiner Erinnerung nach ist sein Flugzeug mit Verspätung abgeflogen. Man lernt im Laufe seines Lebens viele Leute kennen – der Dalai Lama gehört zu denen, die man nicht vergisst.

Evelin Schönhut-Keil (Bündnis 90/Die Grünen), Vizepräsidentin des Hessischen Landtags a. D.

Der Dalai Lama spricht etwas an in jedem von uns, selbst Menschen, die sich nicht als spirituell oder religiös bezeichnen. Denn jeder Mensch wünscht sich doch, dass es Frieden gibt, dass alle Menschen sich verstehen, dass wir Respekt vor dem anderen haben, dass Hass keine Rolle spielt in der täglichen Auseinandersetzung und dass wir versuchen auf eine menschliche Art äh miteinander umzugehen. Und dieses tiefe Bedürfnis zeigt er uns sehr glaubhaft mit seinem Beispiel. Ich glaube, die Menschheit braucht keine Kirche, aber die Menschheit braucht Religion und sie braucht Orientierung. Und was der Dalai Lama sagt, kann Menschen über schwere Krisen hinweghelfen oder über Fehler, die jemand gemacht hat. Er betont, dass wir uns auf unsere Stärken besinnen sollen, auf das Schöne auf das Gute und letztlich auf das Menschsein. Die Faszination, die er auf viele Menschen ausstrahlt, hängt mit dieser Grundphilosophie, die er so ideal selbst verkörpert. Das ist ein Vermächtnis, das er der Welt gibt und das auf jeden Fall seinen Tod überdauern wird. Ich bin dem Verein »Freunde für einen Freund« beigetreten, weil wir auf einer Delegationsreise nach Indien in Dharamsala (Indien), das Elend der Tibeter durch die Unterdrückung der Chinesen in Tibet eindrucksvoll mitbekommen haben. Die Menschen tragen ihre kleinen Kinder über den Himalaya nach Indien, um sie vor der Unterdrückung und Auslöschung durch die Chinesen zu bewahren. Der Dalai Lama ist für diese Menschen ein leuchtendes Licht der Hoffnung. Dies zu unterstützen war mir ein Anliegen.

Frank Auth, Gründer und Vorsitzender »Freunde für einen Freund«

Der Dalai Lama war weltliches und ist geistiges Oberhaupt der Tibeter, von denen er als Heiligkeit verehrt wird. In der restlichen Welt wird er geschätzt, als Ikone des gewaltfreien Widerstandes und als weiser Philosoph. Mich hat am meisten der Mensch jenseits aller Rollen interessiert. Der Mensch – oder der einfache Mönch, wie er sich selbst immer nennt, der mit seinem Handeln stringent seinen Worten authentische Taten folgen lässt. Denn dem kann ich als gelebtem Vorbild nacheifern. Besonders glücklich und dankbar bin ich, dass auch meine Kinder ihn kennenlernen durften.

Der Dalai Lama sagte einmal, auch er erlebe Momente, in denen es ihm schwerfalle, das gewohnte Maß an Mitgefühl für andere aufzubringen. Dann gehe er in Meditation und entwickle es in sich. Das sei innere Arbeit. Immer wieder. Jeden Tag aufs Neue. Das hat mir oft geholfen, wenn ich verzagt war, weil

1

2

mir etwas nicht gelingen wollte. Ich habe es dann akzeptiert, dass ich mir Zeit nehmen muss, innerlich an mir zu arbeiten und dass dies Arbeit ist, die jeden Tag aufs Neue getan werden muss.

Bei einer anderen Veranstaltung sagte er auf die Frage eines Besuchers wie er mit Verärgerung über andere Menschen umgehe: »Trenne die Person von ihrem Verhalten.« Auch diese einfache Weisheit hat mir sehr geholfen. Zum Beispiel im Umgang mit meinen Kindern oder meiner Frau. Ich konnte ihnen sagen: »Dein aktuelles Verhalten finde ich verletzend und inakzeptabel. Meine Liebe für Dich ist davon jedoch völlig unberührt und stark wie immer.«

Ich durfte in meinem Leben viele bedeutende Persönlichkeiten kennenlernen. Niemand hat aber so einen tiefgehenden Eindruck hinterlassen wie der Dalai Lama. Diese fühlbare Kongruenz zwischen seinen Worten und Taten, sein freies authentisches Lachen und seine fast kindliche Fröhlichkeit und Verspieltheit sind genauso faszinierend wie seine Fähigkeit, sich mit Verstand und Herz und allen Sinnen voll auf den Menschen zu fokussieren, der gerade vor ihm steht. Als gäbe es die Welt um sie herum nicht. Das war für mich die letzten 20 Jahre Vorbild und Anregung mich vom Multitasking ab- und der Achtsamkeit hinzuwenden. Wenn ich alleine esse, esse ich bewusst ohne Mails zu lesen oder Nachrichten zu schauen. Wenn ich Auto fahre, lasse ich das Radio aus und fahre bewusst langsamer als früher. Und wenn ich mit Menschen rede, fokussiere ich mich mit allen Sinnen auf mein Gegenüber und den Moment mit ihm.

Ich kann definitiv sagen, der Dalai Lama hat mein Leben bereichert, geprägt und zum Positiven verändert. Er war mit seinem Vorbild Richtschnur für mein Handeln. Oft war bei Entscheidungen meine Frage »Was würde der Dalai Lama in dieser Situation tun?« Auch seine stete Zuversicht – trotz anders anmutender politischer Geschehnisse - in der Lösung der Frage der Autonomie seines tibetischen Volkes war ein Vorbild dafür die Zuversicht in meinem Leben immer zu bewahren.

1 Dass jemand dem Dalai Lama die Finger in den Mund steckt, ist sicher ein einmaliges Ereignis Die junge Amalia macht es voller Neugier. Kronberg 2017.

2 Die kleine Paulina wird vom Dalal Lama liebevoll Stirn an Stirn begrüßt – eine große Ehre. Darmstadt 2018.

Thomas Götzfried, »Freunde für einen Freund«

Auch ich hatte die einmalige Gelegenheit, 2005 an der Reise an den Exilort des Dalai Lama teilzunehmen. Mein Eindruck und der einiger Teilnehmer von der Begegnung mit Seiner Heiligkeit und der besonderen Gastfreundschaft der Tibeter haben spontan zum Entschluss geführt, den Verein mitzugründen. Wir wollten etwas zurückgeben und nach unseren Möglichkeiten helfen. Mit dem Verein wollen wir die Tibeter und vor allem den Dalai Lama persönlich unterstützen. Insbesondere immer dann, wenn er nach Hessen kam. Aufgrund seines Alters ist ein weiterer Besuch eher unwahrscheinlich, aber auch z. B. durch dieses Buchprojekt kann der Verein dazu beitragen, dass das Schicksal der Tibeter nicht in Vergessenheit gerät. Jede Begegnung mit dem Dalai Lama ist eine tiefgehende Erfahrung auf persönlicher, emotionaler und spiritueller Ebene. Er steht für Mitgefühl, Achtsamkeit, Toleranz und Vergebung. Die Erinnerung an die Freundschaft hilft mir immer wieder, bewusster und empathischer im Umgang mit anderen zu sein. Auch seine Philosophie des Glücks durch innere Zufriedenheit und nicht durch äußere Besitztümer verändert meine Einstellung zu Wohlstand und Erfolg in materiellen Dingen.

Dr. Mark C. Hilgard, »Freunde für einen Freund«

Nicht die religiöse Ausrichtung des Dalai Lama, sondern dessen beeindruckende, gewinnende und friedliebende Persönlichkeit hat mich bei einer ersten Begegnung 2007 so sehr beeindruckt, dass ich beschloss, die beginnende Freundschaft zu vertiefen und Veranstaltungen auszurichten. Entgegen einigen Widerständen habe ich zusammen mit gleichgesinnten engagierten Freunden den Verein »Freunde für einen Freund« gegründet und begleitet, um die Ideen des Dalai Lama und seine Projekte zu fördern. Dazu gehörten etwa die Organisation von Veranstaltungen in Wiesbaden oder im Hessenpark, bei denen aus der Bevölkerung überwältigender Zuspruch gezeigt wurde. Dazu gehörten Zusammentreffen mit hessischen Politikern, darunter vor allem Roland Koch, dem früheren hessischen Ministerpräsidenten, hier in Hessen oder im Rahmen von Delegationsreisen nach Indien (Dharamsala). Überall war die Bevölkerung von der herzlichen, offenen und gewinnenden Persönlichkeit des Dalai Lama eingenommen. Sein unvergessliches Lachen war und ist ansteckend. Es ist kein Zufall, dass unser Verein den Namen »Freunde für einen Freund« trägt. Er sagt alles aus über unsere Motivation und unsere Wertschätzung.

York Hovest, »Freunde für einen Freund«

In einer Initiative von 2011 bewarb ich mich bei dem Verein »Freunde für einen Freund« als Fotograf. Im Zuge dessen durfte ich die Events und die damit verbundenen Besuche seiner Heiligkeit bei vielen Veranstaltungen porträtieren. Genau hier entstand die tiefe und bis heute fortwährende Freundschaft zu den Vereinsmitgliedern. Mein Versprechen an den Dalai Lama, seine Heimat und die Tibeter mit meiner Arbeit zu unterstützen, prägte bis heute meine tiefe Verbundenheit zu den Gründern. Es hat mein Leben im positivsten Sinne verändert.

Tom Keil, »Freunde für einen Freund«

Mit der Begegnung mit dem Dalai Lama ging für mich ein Lebenstraum in Erfüllung. Die Präsenz Seiner Heiligkeit, jeden Menschen im Hier und Jetzt voll und ganz wahr- und anzunehmen ist mir seither ein Kompass, an dem, ich mich versuche zu orientieren. Als Künstler habe ich 2005 ein Bild von Seiner Heiligkeit in Form eines digitalen Portraits angefertigt und Seiner Heiligkeit überreicht. Dieses Bild wurde für einen wohltätigen Zweck versteigert. Die Zusammenarbeit mit den Mitgliedern des Vereins hat mich überzeugt, mich ebenfalls dort zu engagieren.

Dr. Lutz Raettig, »Freunde für einen Freund«

An der Person des Dalai Lama hat mich vieles beeindruckt vor allem, dass er nie aufgibt. Die Situation der Exilregierung und sein eigenes Schicksal scheinen seit Jahren aussichtslos, aber er handelt nach der Devise »never give up«. Besonders hat uns bei unserem Besuch in seinem Exil in Dharsamala die Situation der Kinder berührt, die dort lebten, nachdem sie aus Tibet geflohen waren. Wir haben daraufhin unter den Teilnehmern gesammelt und haben dem Dalai Lama 2005 bei seinem Besuch in Wiesbaden ein kleines Häuschen überreicht. Symbolisch stand das für die Höhe der Spende, mit der ein weiteres Kinderhaus in Dharamsala gebaut werden konnte. Seine unerschütterliche Haltung für die Sache der Tibeter hat mich überzeugt, Mitglied bei den »Freunden für einen Freund« zu werden. Im Unterschied zu anderen habe ich nie feststellen können, dass mir das Engagement für den Dalai Lama geschäftlich geschadet hat. Wenn, dann gab es höfliche Proteste der Chinesen, aber ohne große Konsequenzen. Sicherlich hat geholfen, dass die hessische Landesregierung immer hinter der Sache stand.

Silke Wiese, »Freunde für einen Freund«

Meine erste Begegnung mit dem Dalai Lama war 2005 innerhalb eines Kunden-Projektes. Ein Teil des Teams für den damals ersten öffentlichen Auftritt Seiner Heiligkeit im Kurpark Wiesbaden und dem damit verbundene Festakt zu sein, war beeindruckend und die Ausstrahlungskraft seiner Person fortan bereichernd. Letztendlich hat dieser Besuch Seiner Heiligkeit mich vor 20 Jahren geprägt und beflügelt meinen Weg in die Selbständigkeit zu verfolgen. Bis heute bestärkt mich die Haltung, das Freude und Glück und die damit gegebene Zufriedenheit in uns selbst liegen. Auf dem Weg mit dem Verein und dem Dalai Lama gab es viele schöne, bewegende und auch heitere Momente, die ich nicht missen möchte. Der Dalai Lama vermittelt diese wunderbare Melange aus Werten wie Mitgefühl, Toleranz und Vergebung, verbunden mit sympathischer Leichtigkeit, ohne eine belehrende Komponente zu haben.

Auf diplomatischem Parkett

Die Verhandlungen mit China 2002 bis 2010

Der Dalai Lama war zu Beginn des Jahrtausends noch zuversichtlich, dass Gespräche mit den Chinesen die tibetische Frage einer Lösung näherbringen würden (Laird, Tibet, S. 492f). Sein Optimismus war berechtigt. Immer wieder hatte es nach dem Tod Mao Tse-tungs 1976 informelle Versuche gegeben, die Tibetfrage im direkten Austausch zu behandeln. Maos Nachfolger Deng Xiaoping allerdings hatte 1978 gegenüber einem Bruder des Dalai Lama den berühmten Satz fallen lassen, man könne mit ihm über alles reden – außer über die Unabhängigkeit Tibets. Bis Ende Januar 2010 trafen sich Delegationen beider Seiten zu neun offiziellen Runden und einem inoffiziellen Gespräch – in Peking, Bern, Shanghai, Guilin, Shenzhen und Hunan. Es waren, bis heute, die längsten kontinuierlichen Verhandlungen, seit der 14. Dalai Lama 1959 aus seinem Land hatte flüchten müssen. Unsichtbar saßen auch zwei Hessen mit am Tisch.

»Aufgrund der langjährigen Freundschaft mit Roland Koch und weil wir mitbekommen und selbst erlebt haben, dass er ein Politiker mit besonderen Qualitäten und einer Begabung für Analyse mit großer Erfahrung ist, haben wir uns in vielen Treffen mit ihm ausgetauscht und seine Analyse und seinen Rat gesucht.« So erinnert sich Kelsang Gyaltsen. Er war einer der beiden Gesandten, die im Auftrag des Dalai Lama die Verhandlungen mit einer hochrangig besetzten chinesischen Regierungsdelegation führten. Gyaltsen war damals der Repräsentant Seiner Heiligkeit für Europa mit Sitz in der Schweiz. Sein Kollege und Verhandlungsführer Lodi Gyari vertrat den Dalai Lama in den USA. In seinen Memoiren berichtet der Diplomat von einer weiteren wichtigen Persönlichkeit, bei der sich die Unterhändler regelmäßig Rat holten: dem ehemaligen Bundesminister und Bundestagsabgeordneten Christian Schwarz-Schilling (CDU). Ab 2003 hielt Schwarz-Schilling in seinem Wohnort Büdingen vertrauliche »Round Table-Gespräche« ab, an denen die Tibeter teilnahmen. Mit am Tisch: Roland Koch, Emissäre des Außenministeriums, weitere Experten.

Die Gespräche in der Wetterau organisierte die Schwarz-Schilling-Stiftung. Laut Satzung stellen die Verhältnisse in China ein Arbeitsfeld der Stiftung dar. So versuche sie »als neutraler Gesprächspartner zum Beispiel die Beziehungen zwischen Chinesen und Tibetern im Sinne der Völkerverständigung und der Förderung von Toleranz und Dialog zu stützen«.

Die beiden Emissäre des Dalai Lama profitierten doppelt von diesen Sitzungen. Sie holten sich Rat und Empfehlungen ein und konnten informell über Ergebnisse und Eindrücke aus ihren Verhandlungen mit den Chinesen berichten. Die Rolle der beiden Deutschen blieb auf der Gegenseite nicht unbemerkt. So berichtet Koch: »Die Chinesen haben irgendwann gewusst, dass ich das Beraterteam der Tibeter gegenüber der chinesischen Regierung kontinuierlich und regelmäßig gecoacht habe.« Schwarz-Schilling wie Koch sahen sich häufig mit mehr oder weniger deutlichen Drohungen konfrontiert. Beide haben die gleiche Erfahrung gemacht: Das Einzige, was hilft, ist ein offener Dialog – wenn es geht, nicht unbedingt öffentlich. Das werde respektiert. Schwarz-Schilling drehte den Spieß um und riet den Chinesen eindringlich: »Nutzt dieses offene Fenster der Geschichte, solange der Dalai Lama am Leben ist, damit diese Prozesse gewaltlos vonstattengehen.«

Die Treffen mit Koch und einem kleinen Kreis seiner Mitarbeiter in Wiesbaden beschreibt Gyaltsen als diskret und im Unterschied zum Büdinger Round Table stärker auf die Strategie der Verhandlungen mit den Chinesen fokussiert. Meist traf man sich in einem kleinen Konferenzraum des Hotels Nassauer Hof. Da die Gesandten aus der Schweiz, aus Indien oder aus den USA anreisten, bot sich manchmal auch eine VIP-Lounge am Flughafen als Treff an. Fast vor und nach jeder Runde mit den Chinesen gab es solche Unterredungen.

Kochs enge Verbindung zu den Tibetern hinderte insbesondere die chinesische Regierung nicht daran, den hessischen Ministerpräsidenten und stellvertretenden CDU-Bundesvorsitzenden zu umwerben. Der Botschafter Chinas lud ihn zu einem Besuch seines Landes ein. Koch erinnert sich an seine Reaktion: »Ja, aber Sie müssen wissen, wenn ich nach Peking komme, reden wir über Tibet. Sie werden mich dort nicht vorführen.«

In der Dialogphase, so stellte Koch nach einem Besuch Chinas im Mai 2006 fest, sei im Vergleich zu früher das Thematisieren solcher Fragen sehr viel leichter gewesen. Was Koch in seiner Haltung bestätigte, Gegensätze offen anzusprechen, war der Ausspruch einer hohen Parteifunktionärin aus der Umgebung des damaligen Staatspräsidenten und Parteichefs Hu Jintao (2003 bis 2013): Vielleicht müsse man irgendwann akzeptieren, dass man ein Freund Chinas und ein Freund des Dalai Lama sein könne.

Warum aber endeten die Gespräche Ende Januar 2010? Und waren sie ein Erfolg?

»Was Verbesserungen für die Menschen in Tibet betrifft, muss man sagen, nein. Wenn man das Ergebnis daran misst, ob die Differenzen zwischen Chinesen und Tibetern kleiner geworden sind, auch nein«, zieht Kelsang Gyaltsen viele Jahre später Bilanz. Er hebt zugleich die positiven »Nebengeräusche« des Dialogs hervor:

- Die Gespräche hätten den Tibetern in Tibet Mut gemacht und ihren Geist gestärkt. Das war nicht zuletzt ein Ergebnis der Reisen in die Autonome Region Tibet und in angrenzende Provinzen mit tibetischer Bevölkerung, die die Chinesen den Delegierten ermöglichten.
- Zum ersten Mal hätten europäische Regierungen das tibetische Problem ernst genommen. Die Botschaft lautete: Da passiert etwas. Gyaltsen erinnert sich, dass auf einmal Anrufe aus diversen westlichen Außenministerien eingegangen seien. Man solle sie doch bitte über die Gespräche auf dem Laufenden halten.
- Selbst bei Chinesen, z. B. Intellektuellen, Oppositionellen, sei angekommen: »Da läuft etwas.«
- Als vertrauensbildende Maßnahme wurde gewertet, dass die Abgesandten des Dalai Lama neben zahlreichen Städten in China zu Beginn der Verhandlungen insgesamt 14 Orte in der Autonomen Region Tibet und in angrenzenden Provinzen bereisen durften. Darunter befanden sich auch religiöse Stätten.

Nicht zu unterschätzen sei, dass die chinesische Seite faktisch die Existenz der Exilregierung in Dharamsala anerkannt habe. Tatsächlich telefonierten die beiden Abgesandten des Dalai Lama an jedem Tag der neun Konferenzen mit Mitarbeitern ihrer Regierung in Nordindien. »Das haben wir bewusst gemacht, damit die Chinesen wissen, wir rapportieren dem Samdong Rinpoche.« Später gingen die Chinesen wie selbstverständlich von dieser Nachrichtenkette aus und sagten den Tibetern zum Beispiel: »Ihr müsst das ganz genau dem Samdong Rinpoche erklären.«

Der Aufwand, den insbesondere die tibetische Seite betrieb, war beträchtlich. Am Ende bilanzierte Lodi Gyari: Man habe 75 Stunden miteinander gesprochen, es gebe darüber 600 Seiten mit Aufzeichnungen. Zudem hätten die Tibeter zwei Memoranden mit 200 Seiten Umfang übergeben. Außerdem habe der Dalai Lama einen handgeschriebenen Brief – mit chinesischer Übersetzung – an den Präsidenten und Parteichef Hu Jintao adressiert, der in der dritten Verhandlungsrunde 2004 der Verhandlungsführerin ausgehändigt worden sei.

Der Dialog war durch unterschiedliche Phasen geprägt. Nach den ersten Treffen klagten die Tibeter, es gebe keine Fortschritte, in Tibet sei keinerlei Verbesserung festzustellen. Darauf hätten die Chinesen beschwichtigt und gesagt, es sei so wichtig, einander besser zu verstehen. Man kenne jetzt die Sorgen und Anliegen der Dalai-Lama-Partei. Wie unzugänglich die chinesische Position aber war, entpuppte sich in den späteren Runden. Ab 2006 hieß es wiederholt, Tibet sei ein unveräußerlicher Teil Chinas, man sehe kein Tibetproblem. An diesem Tisch könne man nur über die Zukunft des Dalai Lama und seiner Privilegien sprechen. Je näher die Olympischen Spiele im Sommer 2008 in Peking rückten,

1

2

umso unverbindlicher klang der Ton, zwischenzeitlich verstummte er völlig. »2007 haben wir nichts von den Chinesen gehört.« Als am 10. März 2008 des Aufstandes von 1959 gedacht wurde und vor allem Nonnen und Mönche in Lhasa auf die Straße gingen, um die Freilassung inhaftierter Tibeter zu fordern, kam es zu Gewaltausbrüchen. »Sie waren viel größer als der Aufstand von 1959«, sagt Gyaltsen. Damals habe sich die Erhebung auf Lhasa beschränkt, nun aber zog sie sich über das ganze tibetische Hochplateau. Der Dalai Lama sei deswegen zutiefst besorgt gewesen und habe Ende März 2008 seine Gesandten angewiesen, mit den Chinesen Kontakt aufzunehmen.

Der Bitte um eine informelle Begegnung kam die chinesische Seite im Mai nach, man traf sich in der Metropole Shenzhen – nur zu viert. Gyari und Gyaltsen, ein Minister und ein Vizeminister auf der chinesischen Seite. Letzterer sei Tibeter gewesen. Daher habe man keinen Dolmetscher benötigt. Man sprach Tibetisch, der Vizeminister übersetzte für seinen Kollegen. Mehr als gegenseitige Schuldzuweisungen erbrachte dieser Spontan-Dialog nicht. Aus Sicht der Tibeter näherte sich der Dialog erst jetzt seinem eigentlichen Kern. Kurz vor Beginn der Olympischen Spiele fragten die Chinesen: »Der Dalai Lama spricht immer von einem High Degree of Autonomy, und der Samdong Rinpoche nennt eine generelle Autonomie. Ihr sprecht von verschiedenen Autonomie-Arten. Was genau wollt ihr haben? Wir möchten das jetzt mal genau wissen.«

Die Tibeter erstellten daraufhin in monatelanger Kleinarbeit das *Memorandum on Genuine Autonomy for the Tibetan People*. Besonderen Wert legten die Mitarbeiter des Dalai Lama darauf, dass sich alle Forderungen im Rahmen der chinesischen Verfassung bewegten. Man wähnte sich hier auf einer gemeinsamen Grundlage mit den Chinesen. Schließlich hatte der Dalai Lama mehrfach seit den 1970er-Jahren von einem Mittleren Weg gesprochen, der die Oberhoheit des chinesischen Staates akzeptierte. Insbesondere Verteidigungs- und Außenpolitik sei Sache Pekings. Der Verzicht auf die Unabhängigkeit sollte mit einer Autonomie honoriert werden, gekennzeichnet durch eine eigene demokratische Verfassung, ein Zweikammersystem und Eigenständigkeit bei Kultur, Bildung, Umwelt, Naturschutz und Wirtschaft. Das Dokument wurde den Chinesen im Oktober 2008 offiziell überreicht. Ergebnis: Ablehnung von A bis Z. Begründung: Das Papier respektiere die Verfassung der Volksrepublik China nicht. Die Tibeter schoben eine Note nach, die die Kernpunkte der chinesischen Kritik adressierte. Vor allem, dass die Autonomie-Idee keinen Bruch der Verfassung Chinas darstelle, in der ausdrücklich von Selbstverwaltungen die Rede sei. Selbstverständlich gehöre Chinesisch in einem autonomen

1 Ende Juni 2007 trafen sich die Delegationen in einem Konferenzzentrum der chinesischen Metropole Shanghai.

2 Ein guter Ratgeber für die Verhandlungen: Minister a.D. Christian Schwarz-Schilling.

Tibet zu den Amtssprachen; neben einer tibetischen Miliz werde die Präsenz der Volksbefreiungsarmee akzeptiert. Die Tibeter wussten um die Sensibilität der Chinesen bei diesem Thema, zumal Tibet als Grenzregion zu Indien viele Militärkräfte band. Hier lernten die Tibeter aber den Unterschied zwischen Verfassungsanspruch und Verfassungswirklichkeit kennen. »Diese Note haben wir im Januar 2010 übergeben, aber es gab keine Reaktion. Das war das Ende der offiziellen Gespräche.«

Christian Schwarz-Schilling, gebeten, die chinesischen Äußerungen zu bewerten, zog folgenden Schluss: »Der sino-tibetische Dialog befindet sich auf einem Tiefstand.« Viele Beobachter konnten sich des Eindrucks nicht erwehren, dass die Kontakte für die chinesische Seite nach der erfolgreichen Abwicklung der Olympischen Spiele – ohne Boykott der westlichen Welt – als nicht mehr nötig betrachtet wurden.

Die Annäherung an eine echte Autonomie der Tibeter unter Einschluss der ehemaligen Regionen Amdo und Kham wäre für China und sein zentralistisches Einparteiensystem eine existenzielle Bedrohung. Die Chinesen hätten sich nicht vorstellen können, dass die Tibeter sich mit einer kulturellen Autonomie zufriedengeben. Bei 56 unterschiedlichen Ethnien im chinesischen Imperium, das faktisch ein Vielvölkerstaat ist, wäre einzig ein föderales System die Antwort. »Da endet es ideologisch«, meint Koch. Das Menetekel für die Spitzenfunktionäre der KP Chinas sei das Ende der Sowjetunion. Um deren Schicksal zu entgehen, bleibt es bei einer strammen zentralen Organisation.

Am 3. Juni 2012 gaben Lodi Gyari und Kelsang Gyaltsen bekannt, dass sie ihr Amt als Gesandte des Dalai Lama für Gespräche mit der Regierung Chinas aufgäben. Die Exilregierung schob als Begründung nach, dass dies aus Enttäuschung über mangelnde Fortschritte im Dialog mit China geschehe. Seit dem Ende der Gespräche im Januar 2010 scheint es jedoch keine direkten Dialoge ernsthafter Art mehr gegeben zu haben. Diplomat Kelsang Gyaltsen dazu: »Informelle Kontakte und Gespräche gibt es hingegen immer. Es ist insbesondere für kommunistische Regime wichtig, mit dem politischen Gegner in Kontakt zu bleiben. Der Zweck: Nachrichten und Informationen sammeln. Das sind meiner Ansicht nach nicht informelle politische, sondern nachrichtendienstliche Kontakte von der chinesischen Seite.«

Ein besonderer Blick

Interview mit dem Fotografen Manuel Bauer

Wie haben Sie den Dalai Lama kennengelernt?

Der Schweizer Journalist Hans Reutimann bat mich, mit ihm die tibetische Diaspora in Indien zu bereisen. Das war 1990. Er wollte erforschen, ob die tibetische Kultur mit dem Tod der ersten Flüchtlingsgeneration stirbt oder ob dieses Wissen an Jüngere weitergegeben werden kann. Nach dem Besuch von Flüchtlingslagern in Südindien und vielen anderen Stationen erreichten wir Dharamsala, den Exilsitz des Dalai Lama.

Dabei blieb es nicht.

Hans Reutimann hatte Zugang zum Dalai Lama, und ich habe das Interview fotografiert. Daraufhin hat mich Seine Heiligkeit eingeladen, ihn in seiner Privatresidenz zu porträtieren. Das war im Februar, und er hatte gerade zwei Monate vorher den Friedensnobelpreis erhalten.

Warum ist daraus eine lebenslange Verbindung geworden?

Im Juni 1990 eröffnete der Dalai Lama dann unsere Ausstellung »Tibetische Kultur auf fremder Erde« an der Uni Zürich. Mitten in der Veranstaltung traf eine Bombendrohung gegen ihn ein, und die Uni musste umgehend evakuiert werden. Die Polizei war nervös. Der Dalai Lama blieb aber gelassen und heiter. Das hat mich beeindruckt. Was ist das für ein Mensch, der an Leib und Leben bedroht ist und so ruhig und fröhlich bleibt, habe ich mich gefragt. Da muss ich dranbleiben. Auch das Schicksal der Tibeter hat mich beschäftigt. Damals war Tibet nicht so bekannt, das ergab sich später dank des Dalai Lama. Ich habe mich politisch für Tibet engagiert und gute Freunde in der Exilgemeinde gefunden.

Warum, glauben Sie, haben der Dalai Lama und seine Mitarbeiter Sie immer wieder eingeladen, ihn fotografisch zu begleiten?

Einerseits habe ich mich in dieses Thema hineingekniet, ich war keiner, der mal schnell kommt und ein paar Bilder schießt. Für ein gutes Bild gehe ich schon mal über Grenzen. Aber ich bin mir immer bewusst, was ich mit meiner Kamera anstellen kann. Dann habe ich versucht, die tibetische Kultur so zu studieren, damit ich mich nicht danebenbenehme. Zu wissen, was die Gepflogenheiten sind, wie man sich in einem Kloster verhält.

Hat sich Ihr Verhältnis in den mehr als drei Jahrzehnten verändert?

Am Anfang habe ich mich verhalten wie die Fliege an der Wand, versuchte, unsichtbar zu sein, um nicht zu stören. Nach ein oder zwei Jahren habe ich mir gesagt, das muss für das Umfeld des Dalai Lama komisch sein, die wissen ja gar nichts über mich, darüber, was ich mache. Dann habe ich mich als Manuel ein bisschen geoutet. Mal kommuniziert mit den Leuten, mal ein bisschen ulkig gewesen. Daraufhin ist eine engere Verbindung zum Dalai Lama entstanden. Mit der Zeit habe ich mich wie adoptiert gefühlt. Sehr persönlich habe ich das trotzdem nicht genommen, denn ich war für eine Aufgabe da. Die war schon speziell. Es gibt kaum jemanden, der bei ihm am Sonntag um 5 Uhr fotografiert oder mit ihm beim Frühstück sitzt, irgendwo in der Welt in einem Hotel. Da sind nur sein Bruder und die Kämmerer noch da, und er sagt: Manuel, nimm, ich habe noch Butter auf dem Teller, ich gehe mal meditieren.

Hatten Sie nicht Angst, indiskret zu sein?

Mein Respekt ist riesig. Und eine solche Persönlichkeit möchte man nicht stören. Aber ich muss ja gute Bilder machen. Es ist sehr anspruchsvoll, da die richtige Balance zu finden. Am Anfang des Projektes hatte ich die Sorge, dass ich »meinen« Dalai Lama verliere, weil ich hinter den Kulissen Aspekte sehe, die ich gar nicht wissen will. Wir projizieren gerne etwas auf prominente Personen, was mit der Realität nichts zu tun hat. Aber beim Dalai Lama projizieren wir Dinge auf ihn, die tatsächlich so sind. Ich kenne keinen authentischeren Menschen.

In mehr als 20 Jahren hat Manuel Bauer einen sensiblen Blick auf das Wirken des Dalai Lama entwickelt.

Woran machen Sie das fest?

Denken und Handeln werden immer von dem Gedanken des Mitgefühls geleitet. Das trainiert er seit seiner Jugend: in Sekundenschnelle zu überprüfen, ob seine Motivation egoistisch oder altruistisch ist. Er lässt sich nie ablenken von Versuchungen oder Sachzwängen. Bis in die Träume ist er dieser Überzeugung treu. Das macht ihn so authentisch. Einer seiner engsten Mitarbeiter hat mal gesagt: Ich bin schon so viele Jahre bei ihm. Eigentlich müsste die Achtung vor dem Dalai Lama sich doch abnutzen, aber sie wächst immer weiter.

Wie ist Ihr Verhältnis zur unmittelbaren Umgebung des Dalai Lama?

Er selbst hat sehr schnell zu mir gesagt, das sei alles kein Problem, ich könne 24 Stunden bei ihm sein. Ich könne sogar in seinem Zimmer schlafen. Erstens würde ich das nie tun, und zweitens geht es ja nicht so, dass ich ihm eben mal eine SMS schreibe: »Du, ich komm dann morgen mal vorbei.« Heißt, da gibt es klare Strukturen und eine Hierarchie drumherum, die man respektieren und die einem gutgesinnt sein muss. Mit der Zeit haben seine Mitarbeiter verstanden, dass ich die Spielregeln respektiere.

Wie empfanden Sie den Empfang in Hessen?

Hessen ist ein super Beispiel dafür, dass über die Zeit enge Beziehungen mit dem Dalai Lama entstanden, weil Hessen den Dalai Lama so regelmäßig empfangen hat. Das spürte man sofort. Das Schöne dort war: Wenn der Dalai Lama kam, warteten selbst nach fünf Jahren noch immer dieselben Menschen auf ihn, weil sie unbedingt dabei sein wollten. Sie haben sich freiwillig für den Dienst eingeschrieben. Auch ich habe mich dann willkommen geheißen gefühlt. Dieter Beine kannte mich, die Personenschützer, die erkannten mich. Sogar die Krad-Polizisten. Wir waren wie ein eingespieltes Team. Auch wenn man sich Monate oder Jahre nicht gesehen hat.

Aus Ihrer Perspektive hatten Sie einen guten Blick auf das besondere Verhältnis vieler Hessen zu diesem besonderen Gast.

Diese gegenseitige Sympathie spürt der Dalai Lama. Er ist und war in vielen Orten willkommen, aber diese Konsistenz von Menschen wie Roland Koch oder Dieter Beine und vielen anderen über eine so lange Zeit – das macht es so besonders. Die enge Sympathie und Offenheit und dieses Einstehen für Tibet in der Öffentlichkeit über diese lange Zeit. Frankfurt war immer ein Super-Hub für ihn, weil die Menschen dort darauf geachtet haben, dass alles gut für ihn war – selbst wenn er nur zum Umsteigen über den Flughafen anreiste.

Ihr Interesse für Tibet ist nicht auf den Dalai Lama beschränkt. Sie haben sehr besondere Geschichten über Tibeter dokumentiert.

Ja, ich bin der einzige Fotograf, der je Flüchtlinge aus Tibet heraus auf ihrem langen Weg zu Fuß über den Himalaya bis nach Nepal und Indien begleitet hat. Bei der Flucht eines Vaters mit seiner kleinen Tochter ging es in den Bergen um Leben und Tod, damit das Kind im Exil tibetisch aufwachsen kann.

Wie gut kennen Sie Tibet? Es wurde ja mehr und mehr von der Öffentlichkeit abgeschottet.

Ich war drei Mal dort. Mal mit Reisebewilligung, mal ohne. Aber immer illegal, weil als Journalist darf man da eigentlich nicht hin. Ich bin x-mal festgenommen worden, stand unter Hausarrest. Habe versucht, die Unterdrückung des tibetischen Volkes zu dokumentieren. In den 1990er-Jahren ging das noch.

Sie haben Hunderttausende von Bildern aus dem Leben und der Arbeit des Dalai Lama aufgenommen und archiviert. Sie sagen, das sei für die Nachwelt eine wichtige Information. Warum?

Heute schreiben wir Dinge auf, die wir verstehen. Wenn ich fotografiere, nehme ich auch Dinge auf, die ich in dem Moment nicht oder nur vermeintlich verstehe. Aber in 50 Jahren werden in den Bildern dank frischem Wissen vielleicht neue Zusammenhänge erkannt. Das Dokumentieren war meine Motivation. Den Dalai Lama und seine Umgebung hat das nicht so interessiert. Die Pressearbeit war damals minimal. Ich habe mich ihm förmlich aufgedrängt und durfte mich dann nach einer Weile offizieller Fotograf nennen, um besser arbeiten zu können. Das Bewusstsein, dass es gut ist, einen Fotografen dabei zu haben, kam erst auf, als Internet und Social Media wichtiger wurden.

Fotografie sei ein Mysterium, sagen Sie. Warum ist das so?

Man kann einfach einen Abklatsch machen von dem, was man sieht. Man kann das Licht, das von einer Oberfläche reflektiert wird, einfangen. Aber das Interessante an der Fotografie ist doch, dass wir auf einem Foto manchmal Dinge wahrnehmen, die gar nicht auf der Oberfläche erkennbar sind. Wir sehen durch Strukturen hindurch in einen Menschen. Für diese Fotografie muss ich all meine Sinne öffnen, durchlässig sein. Die Ratio ist wichtig in der Recherche, in der Strategie, in der Logistik: Wann muss ich vor dem Dalai Lama sein, wann hinter ihm? Ist im Lift noch Platz für mich, in welchem Stockwerk steigt er wieder aus? Aber im Moment der Aufnahme höre ich nicht mehr zu. Da bin ich nur noch durchlässig. Meine Ratio greift nur noch insofern, als ich wahrnehme, dass jemand in den Raum kommt und was das für mich bedeutet. Der Rest ist intim, man lernt jemanden durch diese Art der Beobachtung sehr gut kennen. Ich weiß vom Dalai Lama jede Geste, die als Nächstes kommt. Ich weiß, jetzt wird er sich drehen, jetzt kommt diese Mimik. Er hat immer alle Fühler ausgestreckt. Er ist sehr spontan. Selbst wenn es um Politik geht, zu Besuch bei einem Präsidenten, er läuft trotzdem zu der Frau in der Garderobe, zu dem Putzmann, zu den Köchen.

Sie haben in Ihrer Tätigkeit Journalisten erlebt, deren Arbeit Sie kritisch sehen.

Es gab Kollegen, denen es einfach schon gereicht hat, überhaupt ein Interview mit dem Dalai Lama zu bekommen. Die haben eine Stunde dort verbracht und solche Fragen gestellt wie: Wann sind Sie geboren? Es ist so schlimm, Dinge zu fragen, Jahreszahlen zum Beispiel, die man nachlesen kann. Da sitzt eine so intelligente Person, und diese Chance wird vertan. Man fragt, man schreibt seine Antwort auf. Aber er liebt Diskurs. Er liebt Widerspruch. Es war so traurig zu sehen, wie er seine Antworten gibt, dabei erschlafft, weil nichts zurückkommt. Deshalb bin ich irgendwann dazu übergegangen, wenn er mich neckte, zu reagieren und ihn auch mal zurückzunecken und nicht einfach nur über einen Witz von ihm höflich zu lachen.

Das ging doch aber nicht immer so einfach.

Er war so aktiv, fast 24 Stunden. Auf manchen Reisen konnte ich kein Wort mit ihm sprechen, nach drei Wochen nicht mal Auf Wiedersehen sagen. Aber manchmal ging etwas schief, man stand herum, weil jemand Verspätung hatte. Oder er sprach mich in seinen Privaträumen an. In solchen Momenten konnte es mit ihm enorm lustig sein. Da durfte ich mal respektlos sein und mir Dinge herausnehmen, die sich ein Tibeter nie erlauben würde.

Umgekehrt kennt der Dalai Lama keine gesellschaftlichen Barrieren.

Für ihn sind wir alle gleich. Das habe ich so oft erlebt bei ihm. Er betritt ein Regierungsgebäude, und die Stimmung kippt total. Die Leute lassen einfach ihre Masken fallen und sind plötzlich sie selbst. Ich habe viele Fotos von Politikern, die ich gar nicht zeigen kann. Die haben so ein Lächeln im Gesicht und sind so glücklich und fallen so aus ihrer Rolle. Manche weinen fast vor Freude. Das sieht manchmal fast komisch aus, weil wir das so nicht gewohnt sind. Da ist eben wieder diese Ehrlichkeit und seine Authentizität. Es gibt keine hidden agenda.

Worauf führen Sie das zurück?

Das ist nach meinem Eindruck nicht die Folge einer Transzendenz oder einer übersinnlichen Wirkung auf die Menschen, sondern das Ergebnis von Disziplin. Natürlich könnte man sagen, er ist die 14. Reinkarnation des Buddhas des Mitgefühls, er bringt das alles mit. Aber was wäre, wenn es den Bodhisattva nicht gäbe, die Tulku-Linie nicht, vielleicht gibt es nicht mal die Reinkarnation. In dem Fall wäre das nach unserer westlichen Definition ein Mensch, der auf die Welt kommt und irgendwann wieder stirbt. Wäre das so, beweist er uns, dass man, wenn man diszipliniert an sich arbeitet, in einem Leben eine solche Menschlichkeit hinbekommen kann. Dahinter steckt unheimlich viel konzentrierte Arbeit. Dazu ein konstantes Schülerbleiben, ein sich immer wieder Überprüfen. Die Erkenntnis, dass die beste Basis für unser Zusammenleben das Mitgefühl ist.

Wie haben Sie diese harte Arbeit erlebt?

Es ist unglaublich, was er tagein, tagaus geleistet hat. Von morgens früh bis abends spät. Unzählige Treffen, Konferenzen, Auftritte. Immer, um mehr Frieden in der Welt zu schaffen. Wir sehen in ihm einen perfekten Menschen, er empfindet sich als fehlerhaft. Er arbeitet jeden Tag an sich. Steht jeden Morgen um 3:30 Uhr auf, egal an welchem Fleck der Erde, egal in welcher Zeitzone oder wie spät es am Abend geworden ist. Er bereitet sich darauf vor, an diesem Tag nur gütig zu sein. Das ist Arbeit, die Kraft zu besitzen, nur zu geben. Insgesamt meditiert er am Tag fünf Stunden. Das zeichnet den tibetischen Buddhismus aus. Dass jeder Mönch zu Beginn ein Gelübde ablegt, in dem er sagt, ich will zur Erleuchtung gelangen, damit ich allen lebenden Wesen helfen kann. Das lebt er.

Man hat den Eindruck, dass sich der Dalai Lama aus dieser sehr extrovertierten Phase zurückzieht. Wie empfinden Sie das?

Das, was er uns ein Leben lang vermittelt hat, das setzt er jetzt selbst in sich um und zieht sich zurück. Jetzt ist er mehr ein Eremit, ein Erleuchtungswesen. Einer seiner Betreuer kam zu mir und meinte, Manuel, was für ein Privileg, dass wir den Dalai Lama dreißig Jahre lang so aktiv erleben konnten. Aber jetzt ist er Buddha. Aus Sicht der Tibeter ist er nun das, was er immer gelehrt hat.

Was hat das für eine Konsequenz für Sie als Fotograf?

Das einzige Bild, das ich noch machen möchte: ihn in seinem Alter meditierend zu zeigen. Sein weises Gesicht – wie der alte Gandhi – der Dalai Lama in der Meditation.

Ist also der Film »Wisdom of Happiness« ein Vermächtnis?

Der Ursprungsgedanke war das nicht. Unsere Absicht war, das beste Dalai-Lama-Filmporträt zu machen. Dafür haben wir viel Material gesichtet.

Was wurde daraus?

Ursprünglich sollte ich wie bei der Fotoreportage den Dalai Lama um die Welt begleiten, ihn aktiv zeigen, nur nicht mit der Foto-, sondern mit der Filmkamera. Als wir 2018 die ersten Gespräche geführt haben, hat der Dalai Lama gesagt, er möchte die Langstreckenflüge reduzieren. Den aktiven Dalai Lama konnten wir von diesem Moment an nicht mehr zeigen. Dann kam Covid. Zudem hat er begonnen, sich immer mehr aus der Öffentlichkeit zurückzuziehen.

Wie haben Sie den Film dieser neuen Realität angepasst?

Wir haben auf ein gefilmtes Porträt verzichtet und uns auf seine Botschaft konzentriert, das säkulare Wissen. Ich habe den Film für mich immer »Essenz« genannt. Nach außen lautete der Arbeitstitel sehr lange »Hope«. Die Botschaft ist: Wir haben eine Menge Probleme in der Welt. Alle diese Probleme resultieren aus den negativen Emotionen jedes Einzelnen. Aber man kann schon sehr früh lernen, zum Beispiel im Kindergarten, mit seinen Emotionen umzugehen und zu versuchen, sie in den Griff zu bekommen. Das wurde im Laufe der Zeit zur Idee des Films.

Man hat den Eindruck, dieser Film erscheint in einer Zeit, in der über Tibet nicht mehr viel gesprochen wird.

Da kam in letzter Zeit einiges zusammen. Die Pandemie, der Rückzug des Dalai Lama aus der Öffentlichkeit, und es schien so, als hätte die chinesische Regierung diesen Propagandakrieg gewonnen. Aber ich spüre, auch wenn ich keine Beweise dafür habe, dass das Thema Tibet noch einmal aufs Parkett kommt. Dass die Tibeter merken, wir dürfen uns nicht nur auf den Dalai Lama verlassen, wir müssen jetzt selbst die Initiative ergreifen.

Welche Rolle könnte Ihr Film dabei spielen?

Er ist eine Möglichkeit, den Dalai Lama noch mal sehr nah zu erleben. Dank der Mitarbeit von Richard Gere und der Unterstützung durch seine Organisation (ICT = International Campaign for Tibet, d. Red.) ist der Film keine Eintagsfliege. Er behandelt drei Ebenen: Biografie und Geschichte, die Essenz seiner säkularen Botschaft, und er ist ein sympathisches Porträt.

Wie beurteilen Sie die Lage in Tibet heute?

Die Unterdrückung durch die Volksrepublik China ist brutal. Die Kinder werden zu Tausenden in Internate gezwungen, die Nomaden werden zwangsangesiedelt. Wir hören so gut wie nichts mehr, und das ist ein schlechtes Zeichen. Die Kontrolle ist krass. Trotzdem sage ich mir: Auch wenn es schwierig ist, warum geht da keiner von den jungen Journalisten hin und berichtet darüber?

Haben Sie trotzdem noch Hoffnung für den Fortbestand einer kulturellen Eigenständigkeit Tibets?

Als ich das letzte Mal in Tibet war, 2005, habe ich gedacht, das war's. Die Tibeter standen nur noch ohnmächtig am Straßenrand, schienen von China überrollt, über das Land kam diese kommerzielle Walze. Im selben Jahr sagte der Dalai Lama etwas gegen die Wilderei und verurteilte die tibetische Sitte, Tierfelle zu tragen. Innerhalb kürzester Zeit brannten in ganz Tibet Scheiterhaufen mit Tausenden wertvollen Fellen. In einem Nomadenhaushalt ist das die Mitgift. Ein schnelles Ross oder diese Felle, das ist dein Vermögen. Die haben alles verbrannt, und die Chinesen wussten nicht, was da passiert. Das hat mir wieder die Augen geöffnet. Es fühlt sich hoffnungslos an, aber wenn der Moment kommt, taucht die Power wieder auf.

Kurzbio Manuel Bauer

Manuel Bauer wurde 1966 in Zürich geboren und durchlief eine vierjährige duale Ausbildung im Atelier eines Werbefotografen. 1990 traf er zum ersten Mal den Dalai Lama in dessen Exil im nordindischen Dharamsala. Seitdem begleitete er den Dalai Lama auf unzähligen Reisen. Außerdem recherchiert und fotografiert er als Reporter das Schicksal der Tibeter. 1995 begleitete er einen Vater und dessen sechsjährige Tochter bei deren Flucht aus Tibet über den Himalaya nach Nepal und Indien. Im Oktober 2024 feierte der Film »Wisdom of Happiness« (Weisheit des Glücks), den er mit Barbara Miller und Philip Delaquis gedreht hat, in Zürich Weltpremiere. Anwesend waren der Schauspieler Richard Gere, der mit seiner Organisation International Campaign for Tibet einer der größten Unterstützer des Dalai Lama ist, Penpa Tsering, Chef der tibetischen Exilregierung, und Jetsun Pema, eine Schwester des Dalai Lama.

Das Versprechen oder Hundert Tage Tibet

Er hatte keine Lust mehr auf Glanz, Glamour und schicke Klamotten. Jahrelang hatte York Hovest gut davon gelebt, als Model für Modelabels zu werben und später als Werbe- und Modefotograf die Welt des schönen Scheins abzulichten. Mit 33 Jahren begab er sich auf Sinnsuche. Inspiriert von der Lektüre eines Buches wollte er den tibetischen Mönch Dalai Lama näher kennenlernen. Ohne dass er es wusste, war dies buchstäblich der Auftakt für eine lange, beschwerliche Reise. Aber der Reihe nach.

Dienstag, 23. August 2011, Nassauer Hof, später Vormittag. Eine bunt gemischte Gesellschaft hat sich vor den Flügeltüren eines der kleinen Sitzungszimmer im besten Hotel Wiesbadens versammelt. Seine Heiligkeit, der 14. Dalai Lama, ist zu Gast in Hessen. Aus diesem Anlass haben die »Freunde für einen Freund« zu einem Treffen mit Tenzin Gyatso geladen. Schauspieler, Journalisten, Politiker, Männer und Frauen der Wirtschaft – viele vertraute Gesichter sind zu sehen. Ganz am Ende des Korridors wartet die junge Familie Hovest: Vater, Mutter und der 18 Monate alte Sohn. Der Kleine ist genervt, schließlich kann man sich in dem Alter Schöneres vorstellen, als in einem Hotelflur mit einer Unmenge unbekannter Erwachsener auf irgendetwas zu warten. Immerhin hat er sein Spielzeugauto dabei und den Schnuller im Mund. »Wir hatten für den Vormittag keinen Babysitter gefunden«, erklärt Hovest, warum sich das erste Aufeinandertreffen mit Seiner Heiligkeit komplex gestaltete. Er hatte seine Kameraausrüstung dabei, denn er durfte den aktuellen Aufenthalt des Dalai Lama für den Verein »Freunde für einen Freund« bildlich festhalten. Sein erster Schritt in ein anderes Leben.

Bei der Erinnerung an das, was anschließend geschah, bekommt der Medienprofi noch Jahre später eine Gänsehaut. Die Türen öffnen sich, die nach Prominenz und Wichtigkeit gestaffelte Freundesschar erwartet einen Gruß, ein Lächeln, eine Berührung. Doch der schmale Mann mit Brille sieht am Ende des Ganges das quengelnde Kind. »Vielleicht bin ich ihm in einem früheren Leben schon einmal begegnet«, hat der Dalai Lama Hovest später erklärt, warum sich sein Blick auf den mit Abstand jüngsten Gast konzentriert. Rasch hat der Mann mit dem orange-roten Mönchsumhang die Lounge durchquert und beugt sich über den Knaben. »Meine Frau fiel fast in Ohnmacht. Ich wusste gar nicht, was ich tun soll. Mein Sohn spuckt seinen Schnuller aus und strahlt ihn an. Der Dalai Lama beugt sich runter zu dem Kleinen und beginnt ihn zu knuddeln – und mein Sohn schenkt ihm sein Matchbox-Auto!«

1

2

3

4

5

Der Bann ist gebrochen. Die Aufregung ist verflossen, die Frage, wie man den hohen Geistlichen anspricht, ob man sich verbeugt, Distanz hält – alles wie weggewischt. Ähnlich verwischt ist das Foto, mit dem der aufgeregte Vater die Szene festgehalten hat. Der zweite Blick des Dalai Lama gilt der alten Leica, die Hovest um den Hals baumelt. Es schließt sich eine Fachsimpelei über analoge Fotografie an, seit frühester Jugend ist der tibetische Mönch von westlicher Technik begeistert. Von dem Augenblick an darf sich der ehemalige Modefotograf aus München als engagiert betrachten. Ob im Plenarsaal oder im Aufzug eines Parkhauses, bei Tisch und in Audienzen ist Hovests Leica stille Beobachterin des Geschehens. Der Profi ist diskret genug, in all dem Trubel nicht aufzufallen, aber ihm bleibt ausreichend Zeit, die Faszination für den Dalai Lama zu studieren. Und sein Respekt vor der harten Arbeit des wichtigsten Kämpfers für die tibetische Sache wächst. Eines Abends, es mögen zwei Gläser Rotwein zu viel gewesen sein, gesteht er, überwältigt ihn ein Gedanke. Er greift nach der erstbesten Unterlage, einer Serviette, und schreibt spontan einen Brief an Seine Heiligkeit. Im Überschwang beginnt er mit »Lieber Tenzin«. Was folgt, ist ein schriftliches Versprechen.

An diesem warmen Augusttag des Jahres 2011 übermannen ihn die Gefühle, und er kritzelt auf das provisorische Briefpapier: »Ich bin beeindruckt von der Begegnung mit unserer Familie. Ich möchte dir helfen. Ich möchte stellvertretend für dich dein Ohr und dein Auge in Tibet sein, in dem Land, das du seit über 60 Jahren nicht mehr bereisen konntest. Ich möchte herausfinden, wie die Menschen es heute noch schaffen, so innerlich an dich zu glauben und diesen Spirit, diese Glaubensrichtung aufrechtzuhalten. Ich möchte das herausfinden, als wäre ich getrieben davon, die Seele dieser Religion einzufangen.« Am Ende aber, so stand für ihn bald fest, würde er Seiner Heiligkeit Bericht erstatten, wie es um sein Land bestellt ist. Sein wichtigstes Werkzeug sollten die Kameras sein. Daraus entstand ein Bestseller: »100 Tage Tibet«.

Ein Jahr, viel Geduld und noch mehr Einfallsreichtum benötigte der Abenteuerreisende, bis er 2012 in Kathmandu, der Hauptstadt Nepals, landete. Die Reise war generalstabsmäßig vorbereitet. Heute wäre solch eine Reise vermutlich nicht mehr möglich. Tibet gilt als Musterland des Überwachungsstaates China. Plätze und Straßen sind gespickt mit fest installierten Kameras, Bewegungsmelder

1 Hovest löst sein Versprechen ein und übergibt das erste Exemplar seines Buches an den Dalai Lama in Dharamsala.
2 Bunte Gebetsfahnen wehen im Wind hoch oben auf dem Felsenkloster Chiu Gönpa.
3 Strahlend und majestätisch thront der heiligste aller Berge, der Mount Kailash, mit seinen schneebedeckten Flanken vor dem Kloster Drirapuk auf 5080 Metern Höhe.
4 Lachende Kinder sind der Inbegriff von Glück.
5 Tibeter drehen Gebetsmühlen, um die Lehren Buddhas in Gang zu setzen und um gutes Karma anzusammeln.

1

2

3

signalisieren die Zahl der Passanten, die Apps für Social Behaviour registrieren jeden Schritt. Auch das Smartphone des Touristen wird bei Grenzübertritt für den Besitzer unsichtbar »getrackt«, heißt: Eine unsichtbare Macht heftet sich an seine Fersen. Gut ein Jahrzehnt zuvor konnte Hovest Bürokratie und Überwachungsapparat noch mit einem Schelmenstreich überlisten. Keiner durfte etwas von seinem Vorhaben wissen, es galt also, den ahnungslos neugierigen Touristen zu spielen; seine journalistische investigative Aufgabe musste verborgen bleiben. Allein die Erwähnung des Dalai Lama hätte seine sofortige Ausweisung bedeuten können. Der Trick: Hovest zauberte aus sich eine Reisegesellschaft: »Ich habe diese Gruppe erfunden. Ich habe so getan, als wäre ich eine ganze Gruppe, und habe dementsprechend viele Visa beantragt, für die ich bezahlt habe, sodass ich einen ganzen Bus vollmache. Die Gruppe gab's aber nicht. Ich bin zur Grenze gefahren, denn ich wusste, auf der anderen Seite wartet der Bus.« Am kleinen Grenzübergang hinter der Brücke zwischen Nepal und Tibet/China löst Hovest mit dieser Finte blankes Entsetzen aus. Die Papiere sind in Ordnung, aber wo sind die Mitreisenden? Haben alle »Magen-Darm«, berichtet er den Grenzbeamten. Was tun? »Ich hatte gut bezahlt, also musste es weitergehen.« Statt des geräumigen Reisebusses wurde ihm ein Jeep angeboten, Fahrer inklusive. Und Aufpasser. Der habe die Welt nicht mehr verstanden, als sich die Gruppe auf diesen einen Westler reduzierte. Nun half, was auf der langen Reise von insgesamt hundert Tagen immer half: Geld (nur Dollar), Alkohol und Zigaretten. In der Hauptstadt Lhasa wich ihm der junge Begleiter nicht von der Seite. Doch sobald die kleine Expedition, erweitert um einen Koch, in die Weiten des Umlands aufbrach, verloren die von nun an wechselnden Bewacher die Kontrolle. Ab dem Nachmittag habe der Alkohol die Truppe übermannt, Hovest konnte seiner eigenen Agenda nachgehen. Er erklomm Klosterruinen, traf alte Mönche, sprach mit Nomaden, redete mit jungen Leuten. Und war immer wieder überrascht, wie wirksam noch die Erinnerung und die Verehrung für den 14. Dalai Lama war. Um seine Gegenüber dazu zu bewegen, ihre »Schätze« zu zeigen – verblichene Fotografien, Zeichnungen, Amulette –, musste der Reisende aus Europa in Vorleistung treten. Auf seinem Handy verbarg er einen Ordner, der nur mit einem Pin-Code zu öffnen war. Darin hatte er Fotos

1 Mitten in den Bergen Tibets gelegen, thront der Potala Palast mit seinen goldenen Spitzen über der einst verbotenen Stadt Lhasa.

2 Traditionell tibetisch: Das einstige Zimmer des Dalai Lamas im Potala-Palast mit seinen reichen, kunstvollen Verzierungen. Fotografieren strengstens verboten.

3 Das chinesische Militär ist in Tibet omnipräsent. Panzerkolonnen durchziehen das Land und sind ein dramatisches Zeichen der Machtverhältnisse.

1

2

3

des Dalai Lama gespeichert. Die Wirkung war verblüffend, teilweise erschütternd. Menschen brachen in Tränen aus, warfen sich nieder, beteten beim Anblick Seiner Heiligkeit.

»Ich war nicht mehr der Gringo aus dem Westen, dieser fremde große Typ, sondern einer, der den Dalai Lama kennt.« Viele nahmen ihn daraufhin mit in ihr Haus, in ihr Zelt oder in ihre Höhle. Manchmal bestand die Behausung aus den Resten einer Tempelanlage. Die Verständigung gelang, ohne zu sprechen. Stattdessen wurde gestikuliert. »Schließlich haben die mir ihren Schatz gezeigt, ich habe viele Aufnahmen von Menschen, die mir unglaubliche Dinge zeigen, auf denen man ein Bild vom Dalai Lama sieht.« In seinem Buch ist keine dieser Aufnahmen zu sehen, um die Tibeter vor Verfolgung zu schützen. Deren Anblick blieb dem Dalai Lama vorbehalten, als Hovest ihn 2014 in seinem Exil in Dharamsala besuchte.

Hovest hatte sich sogar in das Elternhaus des jungen Lhamo Töndup gewagt, das heute in der chinesischen Provinz Qinghai liegt und früher zur tibetischen Region Amdo gehörte. In solchen Situationen wandte der ehemalige Modefotograf Methoden an, die eines James Bond würdig gewesen wären. Das Elternhaus wird streng bewacht, auch mit Kameras. Versteht sich von selbst, dass dort strengstes Fotografierverbot herrscht. Seinen Fotoapparat hatte Hovest unter der Jacke versteckt, das Objektiv schaute durch den Reißverschluss. Für ein paar schnelle Schnappschüsse reichte es. Im Potala-Palast und im Sommerpalast steckte eine GoPro in Hovests Brusttasche, die ein Knopfloch besaß. In einem anderen Fall diente eine leere Zigarettenschachtel als Behältnis für die getarnte Kamera.

Wer das faszinierende Buch »Hundert Tage Tibet – Das Versprechen« durchblättert, sieht die Bilanz einer wohlüberlegten Expedition vor sich. Die durchreisten Gebiete sind nach Himmelsrichtungen oder geologischen Formationen geordnet, auf 220 Seiten dominieren Bilder, die einem den Atem rauben. All das ist Ergebnis einer unglaublichen Kraftanstrengung und erst im Nachhinein für den Betrachter so übersichtlich zusammengefasst. Vom Lhalung-La-Pass mit seinen Tausenden von Gebetsfahnen im Südwesten über die Hauptstadt Lhasa und die fruchtbare Yarlung-Region im Süden bis zum riesigen Naturschutzreservat Changthang im Norden und dem Heiligen Berg Kailash

1 Auf der kleinen überfluteten Insel befindet sich ein verlassenes Kloster inmitten des Manla-Stausees in der autonomen Präfektur Xigaze.

2 Das Herausstrecken der Zunge ist ein Zeichen von Freundlichkeit und Wohlwollen. Es signalisiert, dass die Zunge nicht dunkel ist – ein Hinweis darauf, dass nichts Böses im Inneren verborgen ist.

3 Ein weißes Yak am Ufer des Namtso See vor der malerischen Bergkulisse des Nyenchen Tanglha. Das weiße Fell der Tiere ist sehr wertvoll. Daher werden sie von den Nomaden im Gegensatz zu ihren meist schwarzen Artgenossen privilegiert behandelt.

西藏赛康旅游购物中心
TIBET SAIKANG TOUR GO SHOPPING CENTRE
丝绸商行

im Westen, den fromme Buddhisten auf 54 Kilometer Länge umrunden, hat Hovest seine Reise zuvor geplant. Doch mit seinem 14-Tage-Reisevisum wäre er nicht weit gekommen, hätte er solche Vorgaben eingehalten. Daher wurden aus einer Reise zwei. Beim ersten Mal holten ihn Soldaten aus einer Holzhütte, Hunderte Kilometer von Lhasa entfernt, am 59. Tag der Reise. Bis dahin hatten ihn die zuvor beschriebenen Schmiermittel gebracht. Aber in der Hauptstadt hatten sich abermals Mönche verbrannt, die Bezirksregierung entschied, alle Touristen außer Landes zu befördern – wo auch immer sie sich befanden.

Beim zweiten Mal profitierte Hovest bereits von einem Netzwerk, landete direkt mit einem Flugzeug in Lhasa und konnte sich der Dienste einer kleinen Reiseagentur anvertrauen. Sein Vorteil: Auf so gut wie allen Reisen stammten die Begleiter aus Tibet. Erst jetzt vollendete er den ehrgeizigen Plan und brachte es tatsächlich auf einhundert Tage in Tibet. Verblüffend waren die Begegnungen mit Menschen, die dem Dalai Lama nie begegnet waren, ihn nie gehört oder persönlich erlebt hatten. Seit 1959 konnte das Oberhaupt der Tibeter sein Land nicht mehr betreten. Die natürlichen Barrieren des Himalayas und die inzwischen perfektionierte Abschirmung der chinesischen Regierung machten und machen eine persönliche Begegnung zwischen den Bewohnern der autonomen Region Tibet und den Exil-Tibetern in Indien nahezu unmöglich. Selbst eine virtuelle Präsenz ist durch strenge Zensur der digitalen Plattformen so gut wie nicht mehr möglich.

»Aber es hat mich sehr fasziniert zu sehen, dass selbst bei der coolsten und jüngsten Generation in Tibet, die längst Generation Nike und iPhone war, die Religion im Inneren noch tief verwurzelt ist. Und auch das haben die mir gezeigt.« In diesen Fällen wechselten die Rollen. Jetzt sorgte sich der Gast aus Deutschland darum, »seinen Schatz« auf dem Handy den jungen Leuten zu zeigen. »Dann haben mir sogar 20-Jährige, so flippige Junge wie bei uns, also mit tollen Frisuren und amerikanischen Vorbildern, gezeigt, dass der Name des Dalai Lama noch tief in ihrem Herzen ist. Das hat mich sehr beeindruckt.«

Wie diese Verbindung aufrechterhalten wird, konnte Hovest nur mutmaßen. Größtenteils seien es die Überlieferungen der Alten und ein schmaler Rest von Information, der auf Umwegen ins Land komme. Als Hovest den Menschen erzählt, dass der Dalai Lama in seinem hohen Alter permanent um die Welt reise, um für sie zu kämpfen, seien einige in Tränen ausgebrochen. 9000 Bilder und zwölf Stunden Video, das war die Bilanz der einhundert Tage in Tibet, manifestiert in einem Buch, das zu

Gläubige Pilger ziehen durch die Altstadt Lhasas, um den heiligsten Tempel im tibetischen Buddhismus, den Jokhang Tempel.

1

2

3

4

einem Bestseller wurde. Eine weitere Geschichte für sich ist die Einlösung des Versprechens. Im August 2014 flog York Hovest mit dem Journalisten Jörg Eigendorf von der Redaktion der Zeitung *Die Welt* nach Dharamsala. Die Audienz mit Seiner Heiligkeit sollte eigentlich nur der Übergabe des Buches und einiger Aufnahmen dienen, die Hovest ausschließlich für den Dalai Lama aufgenommen und aufbewahrt hatte. Aus dem kurzen Termin wurden Stunden. »Wir haben geweint und gelacht, ein Wechselbad der Gefühle.«

Beim Anblick vieler Aufnahmen wollte Tenzin Gyatso immer noch mehr wissen. In welcher Situation ist dieses Bild entstanden? Wie sieht diese Gegend jetzt aus? Alte Erinnerungen kamen hoch. Erzählungen. Dort hatte er als Kind gespielt, hier stand mal ein anderes Haus.

1 Der welthöchste und Tibets größter Salzwassersee Namtso ist ein heiliger Pilgerort und Heimat vieler Nomaden. Sie siedeln in den Sommermonaten an seinem Ufer und lassen ihr Vieh auf den nahe gelegenen Steppen weiden.

2 Ein Mönch des Gelbmützen-Ordens im Kloster Samye murmelt in den frühen Morgenstunden sein Mantra. Die ursprünglich vorherrschende Religion der Tibeter war die der Bön-Kultur. Heute folgt die Mehrheit der Gläubigen dem tibetischen Buddhismus.

3 Der freundliche Zungen-Gruß mag befremdlich wirken, ist in Tibet jedoch fester Bestandteil der Tradition und reicht zurück bis ins 9. Jahrhundert.

4 Der ganze Stolz einer kleinen tibetischen Familie: das liebevoll geschmückte Motorrad.

1

2

Eine Frage des Bewusstseins

Interview mit dem Hirnforscher Wolf Singer

Seit seiner Jugend interessiert sich der Dalai Lama für Naturwissenschaften und Technik. Bei seinen Reisen hat er oft Wissenschaftler getroffen, von denen er lernen wollte. Immer wieder hat er zum Beispiel mit dem Physiker, Philosoph und Friedensforscher Carl-Friedrich von Weizsäcker Gespräche geführt. Schließlich gründete der Dalai Lama 1987 das Mind & Life-Institut. Beteiligt waren Francisco Varela, Wissenschaftler und Philosoph, sowie der Anwalt und Unternehmer Adam Engle. Ihre wichtigste Frage lautete: Welche Wirkung könnte durch die Kombination wissenschaftlicher Forschung mit der transformativen Kraft kontemplativen Denkens erzielt werden? Daraus entstanden Konferenzen, Kolloquien und Debatten. Das Mind & Life-Institut sollte asiatische Denkweisen und westliche Wissenschaften zusammenführen. Der Neurobiologe und Hirnforscher Dr. Wolf Singer gehört zu den häufigen Gästen dieser Konferenzen und hält bis heute Kontakt zu Seiner Heiligkeit. Darüber berichtet er in diesem Interview.

Was verbindet Sie mit dem Dalai Lama, Professor Singer?

Ich bin auf dem Land groß geworden und habe deshalb ein tiefes Verständnis für Menschen, die in Dörfern aufgewachsen sind. Ich habe manches Mal den Vergleich mit einem sehr klugen, extrem neugierigen Bauernbub gewagt, der in die weite neue Welt hinaus will. Heinrich Harrer hat ihn früh mit westlicher Technologie und Denkweise in Verbindung gebracht. Das hat ihn vermutlich geprägt und nicht mehr losgelassen. Er wollte mehr wissen. Mich hat er vom ersten Augenblick an fasziniert. Er ist eine ungewöhnliche Persönlichkeit.

Wie haben Sie sich kennengelernt?

Ich nahm an einer Diskussionsrunde über Neurobiologie in Dharamsala teil. Es gab zwei Wege, die mich zum Dalai Lama geführt haben. Ich hatte zum einen Francisco Varela als Kollegen in meinem Frank-

1 Auf vielen Konferenzen von Mind&Life trafen sich der Hirnforscher Wolf Singer (rechts) und der Dalai Lama.
2 Mit den Jahren wurden sie Freunde.

furter Institut aufgenommen. Er musste vor dem autokratischen Pinochet-Regime in seiner Heimat Chile in Sicherheit gebracht werden. Mich hat sein Autopoiese-Konzept interessiert, obwohl ich nicht mit allen Aspekten einverstanden war. Es geht davon aus, dass Organismen, also auch Menschen, in allen Bereichen des Lebens die Initiative besitzen. Sie nutzen ihr angeborenes Vorwissen aus, um ihre Wahrnehmungen der Welt zu strukturieren. Es ist ein sehr radikal-konstruktivistischer Ansatz. Mich hat damals mehr beschäftigt, wie stark die Entwicklung des Gehirns durch Umweltfaktoren beeinflusst wird und wie sehr diese frühen Erfahrungen wiederum die Wahrnehmung unserer Welt prägen und uns voreingenommen machen. Während seiner Zeit in Frankfurt begann Francisco, sich für den Buddhismus zu interessieren, da dieser dem Autopoiesis-Konzept in einigen Aspekten verwandt ist.

Welche Verbindung hatte Varela zu Seiner Heiligkeit?

Der Dalai Lama hat 1987 begonnen, Konferenzen zu komplexen wissenschaftlichen Themen abzuhalten. Dazu hat er sich mit Wissenschaftlern umgeben, einer davon war der Chilene Francisco Varela. Sie gründeten zusammen die Stiftung »Mind & Life«. Man traf sich anfangs mit sieben bis acht Leuten im kleinen Kreis, in Innsbruck, in Dharamsala, in den USA. Man sprach über alles Mögliche, über Astrophysik genauso wie über Evolutionsbiologie. Es war ein bisschen wie ein Studium Generale für den Dalai Lama. Er hat diese intellektuellen Auseinandersetzungen sehr genossen, sich engagiert an den Diskussionen beteiligt und die Botschaften der Wissenschaftler kritisch hinterfragt. Diskurskultur lernen tibetische Mönche schon sehr früh.

Und die zweite Schiene?

Francisco Varela starb schon mit 55 Jahren an Leberkrebs. Bei der Gedenkveranstaltung, die wir für ihn 2001 in Paris, seinem letzten Wohnort, abgehalten haben, lernte ich Matthieu Ricard kennen. Er ist ein französischer Molekularbiologe, der zum buddhistischen Mönch geworden war. Mit ihm habe ich später das Buch »Jenseits des Selbst« geschrieben. Das war die zweite Schiene.

Sie haben also begonnen, sich für den Buddhismus zu interessieren?

Ich hatte, ohne es zu wissen, wohl eine Affinität zu dieser Philosophie, nicht zur Religion. Es ist mehrmals vorgekommen, dass ich bei Vorträgen aus dem Publikum angesprochen wurde, »Sie sind offensichtlich

Buddhist. Das ist doch eine buddhistische Position«. Weil ich zum Beispiel über die distributive Funktion des Gehirns gesprochen habe, über das sich selbst organisierende System, das keinen Dirigenten kennt, das sich aus sich selbst heraus entwickelt. So habe ich von meinem Publikum erfahren, dass das, was ich aus der Hirnforschung gelernt habe, eine der Essenzen der buddhistischen Philosophie ist. Auch die konstruktivistische Natur der Wahrnehmung, die von der Hirnforschung favorisiert wird, ähnelt der buddhistischen Sicht auf die Welt. Damit ist der Umstand gemeint, dass unser Gehirn Sinnessignale auf der Basis eines umfangreichen angeborenen und erworbenen Vorwissens interpretiert. Das Wahrgenommene ist also eine Folge einer Rekonstruktion und nicht notwendig identisch mit einer wie auch immer gearteten Realität.

Da gab es also Parallelen zu Ihrer Forschung?

Manches, was die Buddhisten durch Introspektion und kontemplative Analysen an Wissen erworben haben, passt zu dem, was die Neurobiologie experimentell aufgedeckt hat. Aber das ist keine Besonderheit buddhistischer Sichtweisen. Alle Kulturen verfügen über kollektiv geschöpftes Wissen, das zum Teil zu dem passt, was aus der Dritten-Person-Perspektive wissenschaftlicher Ansätze aufgedeckt wurde. Aber einige, im Buddhismus besonders betonte Sichtweisen werden auch in der Neurobiologie diskutiert: Der konstruktivistische Aspekt der Wahrnehmung, die distributive Organisation des Gehirns, in dem sich Ordnung nach Prinzipien der Selbstorganisation herstellt, ohne einer zentralen Instanz zu bedürfen, und schließlich die Interdependenz, die Erkenntnis, dass in komplexen Systemen alles mit allem zusammenhängt. Es interessierte mich, was man über Introspektion und meditative Techniken über Gehirnfunktionen herausfinden kann, wie weit diese Innensicht trägt und wie gut diese Erkenntnisse mit denen der wissenschaftlichen Erforschung des Gehirns übereinstimmen. So habe ich den Dialog mit Matthieu Ricard begonnen. Und nach der ersten Runde in Dharamsala bin ich dem Dalai Lama immer wieder begegnet.

Wie wirkte er auf Sie?

Ich habe vieles von dem bestätigt gefunden, was alle, die ihm begegnet sind, berichten. Ich fand ihn sehr offen und zugänglich, angenehm, verantwortungsvoll, empathisch, warmherzig und sehr klug. Er hat einen feinen Witz, gepaart mit einem erheblichen Maß an Selbstironie. Dies eignet Menschen, die in sich ruhen und den nötigen Abstand von den lebensweltlichen Ungereimtheiten haben, um sie in ihrer Gesamtheit in den Blick nehmen zu können. Ich mochte ihn einfach um seiner selbst willen, aber ich habe nichts von dem erlebt, was offenbar anderen widerfahren ist. Es ging keine transzendentale Wirkung auf mich über. Ich glaube, dass diese Wahrnehmung oft mit einer bestimmten Vorerwartung oder Projektion zu tun hat. Ich mag ihn, und nach einer Weile merkte ich, der mag mich auch.

Wie äußerte sich Letzteres?

Wir haben eine sehr enge persönliche Beziehung aufgebaut. Ich saß beispielsweise mal in einem Auditorium in Hamburg. Ich war nicht fürs Podium vorgesehen und saß im Publikum. Da entdeckte er mich irgendwo in der fünften Reihe und ahmte ein Wolfsheulen nach: »Huuuhuuu, the wulf. The German Dalai Lama, come up, come up.« Da musste ich über die Reihen und aufs Podium klettern. Er hat mich herzlich umarmt, schenkte mir den traditionellen Stirnkuss und hängte mir das weiße Tuch um. Zu diesem Zeitpunkt hatte ich ihn bestimmt schon ein Dutzend Mal getroffen. Insbesondere nachdem Francisco Varela gestorben war, bin ich so ein bisschen sein europäischer »Ersatz-Neurobiologe« geworden.

Dabei gab es unterschiedliche Ansichten zwischen Ihnen und Varela, zum Beispiel beim Thema Wahrnehmung der Umwelt.

Das Gehirn hat aufgrund genetischer Vorgaben schon bei der Geburt eine sehr differenzierte Struktur. Ein Großteil der neuronalen Verbindungen ist bereits festgelegt. Dieses Grundgerüst wird nach der Geburt noch einmal durch erfahrungsabhängige Lernprozesse massiv überformt. Die Architektur der neuronalen Verbindungen wird verfeinert und den jeweiligen Bedingungen der vorgefundenen Umwelt angepasst. Somit verfügt das Gehirn über zwei Wissensquellen. Die angeborenen Strukturen enthalten Wissen über die Welt, das während der Evolution erworben wurde. Dieses Wissen wird dann nach der Geburt durch eigene Erfahrung ergänzt. Die Gesamtheit dieses in der funktionellen Architektur des Gehirns gespeicherten Wissens wird dann genutzt, um die Signale von den Sinnesorganen zu interpretieren. Das Gehirn legt fest, was wir wie wahrnehmen. Dies ist kompatibel mit der Autopoiesis-Theorie, die von Umberto Maturana vertreten und später von Francisco Varela weiterentwickelt wurde. Weil sich unsere Gehirne in ihrer individuellen Ausprägung unterscheiden, nimmt jeder Mensch selbst identische Situationen und Objekte anders wahr.

Das Autopoiesis-Konzept geht aber davon aus, dass alles Vorwissen bereits über die Evolution im Gehirn gespeichert ist und der Mensch sich daraufhin die Welt zurechtlegt. Diese Sichtweise vernachlässigt den erheblichen Einfluss, den epigenetische Faktoren, also z. B. die Einbettung in Umwelt, auf die Ausprägung von Hirnarchitekturen haben. Insofern bin ich der Meinung, dass der autopoietische Ansatz erweitert werden und den prägenden Einfluss von Umweltfaktoren miteinbeziehen müsste. Aber es gilt nach wie vor, dass Wahrnehmung ein konstruktivistischer interpretativer Akt ist. Davon geht auch die buddhistische Philosophie aus. Man nimmt nur wahr, wie einem das Gehirn die Welt erscheinen lässt. Wie sie »wirklich« ist, lässt sich über bloße Sinneswahrnehmungen nicht ergründen. Wahrnehmungen sind Zuschreibungen. Sie ändern sich in dem Maße, in dem man sich selbst verändert.

Hat die asiatische Welt denn Antworten auf Fragen, die wir nicht beantworten können?

Ich denke nicht, dass dies der Fall ist. Alle Kulturen haben Glaubenssysteme entwickelt, die vorgeben, Antworten auf die sogenannten letzten Fragen nach dem Sinn unseres Daseins zu besitzen. Damit wird der Raum jenseits des Wissbaren, Erfahrbaren, Beweisbaren ausgefüllt. Naturbeobachtung, Experimente und die philosophische Aufarbeitung der entsprechenden Ergebnisse verschieben diese Grenze zwischen gesichertem Wissen und Geglaubtem. Aber wenn man sich das Wissen als eine Kugel vorstellt, wird die Oberfläche – also die Grenze zum Nicht-Gewussten – in dem Maße größer, in dem der Durchmesser der Kugel durch Mehrung von Wissen zunimmt. Die Naturwissenschaften haben uns eine Fülle von kognitiven Konflikten beschert, weil sie ein Bild von der Wirklichkeit zeichnen, das unseren Wahrnehmungen nicht entspricht und unserer Intuition nicht mehr zugänglich ist. In unseren westlichen, monotheistischen Glaubenssystemen lösen wir den Konflikt zwischen unserer Überzeugung, dass alles seine Ursache hat, wir aber die Ursache allen Seins nicht ergründen können, durch das Postulat eines Schöpfers.

Das ist im Buddhismus etwas anders. Hier ist die Annahme vorherrschend, dass etwas, was wir als Bewusstsein beschreiben würden, allen Dingen vorgängig ist. Entsprechend gelangt man zu diesen Ursprüngen und damit zu letzten Wahrheiten, wenn man durch kontemplative Techniken sein »Bewusstsein« verfeinert, verschärft und vertieft. Auch verdankt sich in dieser Sicht die Welt mehr einem sich selbst organisierenden Prozess als einer intentionalen Schöpfung.

Sie haben nicht nur mit dem Dalai Lama diskutiert, Sie haben sich mit einigen Übungen zur Meditation und deren möglichen Folgen für das Gehirn beschäftigt.

Die tibetische Tradition des Buddhismus baut darauf, dass durch kontemplative Techniken Kompetenzen entwickelt werden können, die das Zusammenleben erleichtern, wie zum Beispiel Mitgefühl und Toleranz. Auch würde durch Meditation eine realistischere Sicht auf die Welt befördert, auf ihre Unbeständigkeit und Vernetztheit, auf die »Interdependenz« aller Dinge. Im tibetischen Buddhismus herrscht die Überzeugung, dass Veränderung des Individuums möglich ist, wenn man das Gehirn frei macht von Täuschungen durch negative Emotionen, und lernt, loszulassen, lernt, bei sich zu sein und bestimmte Haltungen zu trainieren. Matthieu Ricard hat mir bei meinen Meditationsversuchen am Anfang immer wiederholt: »Stell dir vor, du siehst ein kleines strahlendes Kind. Versuche, dieses Gefühl festzuhalten und zu kultivieren. Wenn das Gefühl weglaufen will, lass es weglaufen, aber schau, dass du es wieder einfängst. Wenn du das oft genug machst, wird es irgendwann ein Teil von dir selbst.« Ich glaube, dass es möglich ist, solche Grundhaltungen zu kultivieren.

Verändert das etwas im Gehirn?

Wenn sich jemand in meditative Zustände versetzt und man gleichzeitig Hirnaktivität misst, etwa mit der funktionellen Kernspintomographie, dann findet man natürlich Aktivitätsverteilungen, die für solche Zustände charakteristisch sind. Das ist zunächst ein trivialer Befund. Jedem subjektiven Zustand entspricht ein besonderes Aktivierungsprofil des Gehirns. Das gilt für Wahrnehmungen, Gedanken, Absichten und natürlich auch Gefühle. Wir haben, wie viele andere Arbeitsgruppen auch, solche Messungen durchgeführt. Wir untersuchten vietnamesische Mönche, die Tausende von Stunden Meditation hinter sich hatten. Wir studierten die Fähigkeit, das Fenster der Aufmerksamkeit sehr weit zu spannen und dann wieder sehr stark zu fokussieren und zwischen diesen Zuständen sehr schnell zu wechseln. Wir fanden, dass man diese Leistung durch Meditation deutlich verbessern kann. Das nimmt nicht wunder, da es bei kontemplativen Praktiken darauf ankommt, Aufmerksamkeitsfunktionen zu kontrollieren.

Was wissen Sie über die Meditationspraktiken des Dalai Lama?

Er legt alle öffentlichen Aktivitäten, wenn möglich, auf den Vormittag. Er hat dann schon viele Stunden seiner Morgenmeditation absolviert, und nach der Erfüllung seines Arbeitspensums folgen vermutlich weitere. Matthieu Ricard hält es genauso. Jeden Tag. Mehrere Stunden. Das ist natürlich mit dem Arbeitsrhythmus, wie wir ihn verfolgen, schlecht vereinbar. Allerdings weiß ich von Matthieu Ricard, dass Meditierende mit weit weniger Schlaf auskommen.

Haben Sie es mal selbst versucht?

Ich habe vor Jahren ein zehntägiges Zen-Ritual in einem Zentrum von Willigis Jäger im Schwarzwald mitgemacht. Acht Stunden am Tag im Schneidersitz, die Wand betrachten und die Atemzüge zählen, von eins bis zehn und dann von Neuem; in Segmenten von 25 Minuten, dazwischen kurzes meditatives Gehen. Während des gesamten Aufenthalts kein Blickkontakt, keine Worte. Beim Essen ist der Blick auf den Teller gesenkt, ein Gong signalisiert, dass man die Schüssel weiterreichen soll. Nach einigen Tagen stellen sich deutliche Veränderungen der Wahrnehmung und Befindlichkeit ein. Es kehrt Ruhe ein, und das Verlangen, weiterzumachen.

Und die Folgen?

Auf der Rückfahrt wurden mir die Folgen bewusst. Ich gönnte mir eine ausgiebige Kaffeepause, fuhr genüsslich auf der rechten Spur, ganz wider meine Gepflogenheiten, ließ das Radio ausgeschaltet. Zurück im Büro bat ich meine Sekretärin, mir ab jetzt immer nur einen Vorgang vorzulegen und erst, wenn dieser abgearbeitet war, mit einem neuen Anliegen zu kommen. Offenbar wurde dies bemerkt, denn Monate später wurde ich gefragt, wo ich im Sommerurlaub gewesen wäre, ich sei danach ungewöhnlich ruhig und geduldig gewesen.

Haben Sie etwas davon in Ihren Alltag übernommen?

Natürlich hat mich die Hektik des Alltags schnell wieder eingeholt. Aber ich weiß jetzt, wie es sich anfühlt, wenn man sich in eine tiefe Ruhe begibt. Und diesen Zustand kann ich seither leichter aufsuchen. Zu Hause, aber auch auf Reisen, im Flugzeug oder in der Bahn. Ich muss mich dazu nicht mehr an die Situation im Schwarzwald erinnern, das Gefühl gehört mir jetzt. Ich weiß, wo ich es finden kann.

Wie ist Ihr Verhältnis zum Dalai Lama?

Wir sind uns viele Male begegnet, aber ganz alleine nie. Es sind immer Übersetzer, andere Mönche und Gäste dabei. Am Rande von Tagungen und bei den kleineren Mind-&-Life-Konferenzen sitzt man oft zum Essen beieinander. Bei solchen Gelegenheiten kann man genießen, wie er scherzt oder unvermittelt eine Erfahrung aus seinem reichen Leben preisgibt. In Hessen war ich einmal auf Initiative des Tibethauses bei einem Podiumsgespräch in der Festhalle in Höchst, nicht weit von meinem Institut in Niederrad, und auch in Frankfurt sind wir uns einmal im Tibethaus direkt begegnet.

Hat der Umgang mit westlichen Wissenschaftlern das Denken des Dalai Lama nach Ihrer Beobachtung verändert?

Ich denke, dass er sich durch den Kontakt mit den Wissenschaftlern in manchen Bereichen seiner Weltsicht säkularisiert hat. Aber soweit ich das zu beurteilen vermag, gelingt es ihm, dieses Wissen in sein Weltbild zu integrieren, ohne die Grundlagen seiner buddhistischen Philosophie infrage zu stellen. Er weiß nur zu gut, wie sehr auch das, was die Wissenschaften erkennen können, begrenzt ist. Mich hat oft verblüfft, wie treffsicher er die Argumente der Wissenschaftler, gleich welcher Disziplin, kritisch hinterfragt und relativiert hat.

Haben Sie ihn in letzter Zeit getroffen?

Es gab 2022 ein Jubiläum von Mind & Life, das in Dharamsala im Beisein des Dalai Lama gefeiert wurde. Die Organisation besteht jetzt aus zwei Teilen: Charlottesville und einem europäischen mit der Zentrale in Paris. Der Dalai Lama hatte aus seinem Nobelpreis eine Million Dollar gestiftet für die Gründung eines europäischen Ablegers von Mind & Life. Das Jubiläum hat beide Zweige in Dharamsala im Oktober 2022 zusammengeführt. Es war eine wunderbare, von tiefer Freundschaft getragene Begegnung. Eine Äußerung vom Dalai Lama ist mir besonders lebhaft in Erinnerung geblieben. Über seinen Zustand befragt, hat er schmunzelnd gesagt: »Dalai Lama, old man, knees hurt, shoulders hurt, back hurts, but mind clear, mind increasingly clear. This is proof, that mind and body are different.«

Kurzbio Wolf Singer

Professor Dr. Wolf Singer, geboren 1943 in München, ist einer der bekanntesten deutschen Neurobiologen und Hirnforscher. Er war von 1982 bis zu seiner Emeritierung 2012 Direktor am Max-Planck-Institut für Hirnforschung in Frankfurt. Mit Unterstützung der Gebrüder Andreas und Thomas Strüngmann gründete er 2006 das Ernst-Strüngmann-Institut für Neurowissenschaften in Frankfurt. Seine Beschäftigung mit physiologischen Erkenntnissen zu Meditationspraktiken des Buddhismus führte zu intensiven Gesprächen mit dem Dalai Lama und dem Molekularbiologen und tibetischen Mönch Matthieu Ricard. Daraus entstand das Buch »Jenseits des Selbst«.

Schaufenster der tibetischen Kultur: das Tibethaus

»Es ist wie ein tibetisches Goethe-Institut auf Frankfurter Boden.« Frankfurts damaliger Bürgermeister und Stadtkämmerer Uwe Becker (CDU) war hörbar stolz. »Es ist das Schaufenster zur tibetischen Kultur in Europa.« Dass es 2017 zur Eröffnung des neuen Tibethauses nahe der Messe kam, war das Ergebnis intensiver Netzwerkarbeit. Dabei lag der Auftrag für dieses ehrgeizige Projekt seit 2004 auf dem Tisch, erteilt von höchster Stelle. Elke Hessel, die das Projekt 20 Jahre begleitet und mitgeleitet hat, erinnert sich an die Anfänge: »Wir haben überlegt, in Frankfurt ein Tibethaus als Kultur- und Bildungszentrum einzurichten. Als der Dalai Lama gefragt wurde, wohin das Haus kommen sollte, Berlin oder Frankfurt, sagte er, er wolle eine Nacht darüber schlafen, und hat dann für Frankfurt entschieden.« Bei seinem Besuch in Wiesbaden 2005 traf der Dalai Lama die Mitglieder des jungen Vereins im Nassauer Hof. »Bei 40 Grad, es war fürchterlich warm«, schildert Elke Hessel die Rahmenbedingungen. Nach einer Podiumsdiskussion mit dem tibetischen Gelehrten Dagyab Rinpoche erhielt das Tibethaus in Gründung die offizielle Schirmherrschaft des Dalai Lama. Eine Ehre, die bisher nur den Tibethäusern in New Delhi, New York und London zuteilwurde.

»Helft dem Tibet-Haus!« Das war die Antwort des Dalai Lama auf die Frage des damals noch jungen Vereins »Freunde für einen Freund«, wie man ihn unterstützen könne. Der Vorsitzende Frank Auth verstand das als Auftrag. »Unsere Hilfe bestand im Vernetzen.« Man redete mit Wirtschaft und Politik. »Wir sahen unsere Aufgabe darin, die Politiker daran zu erinnern, dass wir in Hessen anders sind als die anderen und Land und die Stadt Frankfurt mithelfen sollten, ein geeignetes Gebäude für das Tibethaus zu finden.« In Frankfurt stießen diese Bemühungen auf fruchtbaren Boden. Vor allem die Magistratsmitglieder Uwe Becker und Markus Frank engagierten sich. Am Ende war es die ABG Frankfurt Holding, der städtische Immobilienkonzern, der der Tibethaus-Kulturstiftung das Grundstück samt alter Professorenvilla aus dem Jahr 1912 mit 600 Quadratmetern Fläche in der Georg-Voigt-Straße anbot. Im November 2016 wurde der Kaufvertrag unterschrieben. Zu diesem Zeitpunkt hatte der Verein seit 2005 mit genau 237 Quadratmetern Fläche in einer Altbauwohnung im Frankfurter Universitätsviertel in Bockenheim auskommen müssen. Die Wurzeln für das Projekt reichen allerdings viel weiter zurück. Sie sind eng verbunden mit dem Namen Loden Sherab Dagyab Kyabgön Rinpoche. Er zählte zu den ranghöchsten Würdenträgern im alten Tibet. 1959 musste er gemeinsam mit dem 14. Dalai Lama nach Indien fliehen. Von 1964 bis 1966 leitete er das weltweit erste Tibethaus

1

2

in Neu-Delhi. 1966 kam Loden Sherab auf Einladung der Universität Bonn nach Deutschland, er forschte, lehrte und publizierte dort 38 Jahre lang am Zentralasiatischen Institut. Als Nachnamen wählte er Dagyab in Erinnerung an die Region Tibets, aus der er ursprünglich stammt. In Deutschland war weitgehend unbekannt, dass der Tibeter ein im Buddhismus hochverehrter Gelehrter, ein Lama, war. »Ich habe ihn als Herrn Dagyab kennengelernt. Er war viele Jahre sozusagen inkognito hier«, erzählt Elke Hessel.

Erst auf mehrfache Bitten begann Rinpoche, wie die Buddhisten einen hochangesehenen Lehrer nennen, im Westen Unterweisungen zu geben. Das führte 1984 zur Gründung des Buddhistischen Zentrums Chödzong in Erlangen. Auf Initiative des Dagyab Rinpoche zog das Zentrum 2005 nach Frankfurt um und begann mit dem Aufbau eines Tibethauses nach dem Vorbild New Delhis. Seine enge Verbindung zum 14. Dalai Lama, die auf dem langen persönlichen Kontakt, aber auch auf einer intensiven wissenschaftlichen Zusammenarbeit fußt, führte zu der oben beschriebenen Ermächtigung bei dem Treffen in Wiesbaden. Es war daher kein Zufall, dass Dagyab Kyabgön Rinpoche zwei Schlüsselwerke des Dalai Lama, die er zehn Jahre lang mit ihm bei zahlreichen Treffen in Dharamsala erarbeitet und zusammengestellt hatte, in deutscher Übersetzung im Frankfurter Tibethaus vorstellte: »Die Stufen des Pfades zum Erwachen« und »Wegweiser für die Welt von heute«. Die deutsche und englische Übersetzung wurde maßgeblich mit Spenden finanziert, die die Tibethaus-Kulturstiftung zusammengetragen hatte. Seit Beginn war Dagyab Rinpoche spiritueller Leiter des Tibethauses. Er sitzt auch im Aufsichtsrat des Vereins und ist Mitglied des Kuratoriums der Kulturstiftung. Seit einiger Zeit unterstützt ihn der junge tibetische Lama Zong Rinpoche bei der spirituellen Leitung des Tibethauses.

Mit Elke Hessel, die das Haus bis 2024 als Geschäftsführerin mitgeleitet hat, verbindet ihn eine lange Zusammenarbeit. Die Rheinländerin studierte Kunst und Architektur, freie Grafik sowie Erziehungswissenschaft und klassisches Tibetisch. Auf ihren vielen Reisen nach Asien hatte sie den tibetischen Buddhismus kennengelernt. Schon Ende der 1980er-Jahre bereiste sie mit ihrer Familie Ost-Tibet. »Nach der Kulturrevolution war vieles zerstört, aber unter Deng Xiaoping wurde vieles, auch Klöster und Tempel, wieder aufgebaut.« Übernachtet habe man in Klöstern und Gästehäusern der Regierung. Hotels gab es nicht. 1990 kam sie zum ersten Mal in die Region Amdo, die außerhalb der Autonomen Region Tibets liegt. Kurz zuvor hatte Hessel an der Bonner Universität Dagyab Rinpoche kennengelernt und dort bei

1 Elke Hessel, Geschäftsführerin Tibethaus, Frankfurt (bis 2024) und Dagyab Rinpoche, langjähriger Freund des Dalai Lama und spiritueller Führer des Tibethauses Frankfurt bei dessen Eröffnung.

2 Geschäftsführung, spiritueller Leiter und das Team des Tibethauses Frankfurt mit dem Dalai Lama.

einer Einladung den Dalai Lama erlebt: »Das war eine unglaubliche Veranstaltung mit ihm.« Dem Dagyab Rinpoche war es ab 1984 erlaubt, nach Tibet zu reisen, sogar in seine alte Heimat nach Dagyab. Die Region liegt an der östlichen Grenze der Autonomen Region Tibet, etwa 60 Kilometer von der drittgrößten Stadt Chamdo und fast 1000 Kilometer von der Hauptstadt Lhasa entfernt, am Oberlauf des Mekong. Sie ist ungefähr halb so groß wie Hessen. Die rund 50.000 Bewohner leben überwiegend von der Land- oder Nomadenwirtschaft in einem Gebiet, das zwischen 3100 und 4200 Meter hoch liegt. Die Zustände dort waren katastrophal. Bildung, Gesundheitsversorgung, Kultur – alles habe am Boden gelegen, erzählt Elke Hessel. Sie übernahm für 20 Jahre den ersten Vorsitz, als 1993 der Verein Dagyab e. V. gegründet wurde. In dieser Zeit setzte der Verein zahlreiche Projekte mit Partnern und Spendern um. Dazu zählten ein traditionelles tibetisches Medizininstitut, sieben Gesundheitsstationen, zwei Internatsgrundschulen in Nomadengebieten, zwei Kunsthandwerksschulen, zahlreiche Versammlungs- und Wohnhäuser für Nonnen, die bis dahin zum Teil obdachlos gewesen waren. Hessel selbst bezahlte den Wiederaufbau eines Nonnenklosters. »Ich verdiente als freischaffende Künstlerin recht gut.«

Der massive Druck chinesischer Behörden und tibetischer Provinzverwalter führte dazu, dass der Verein 2015 seine Arbeit einstellen musste. Nach Dagyab konnte Hessel schon ab 2002 nicht mehr reisen, sie war sogar vorübergehend festgenommen worden. Ihre Arbeit in Tibet setzte sie parallel zum Engagement in Frankfurt fort. Insgesamt, so rechnet sie vor, hat sie bei rund zwei Dutzend Aufenthalten bis 2018 rund zweieinhalb Jahre in dem fernen Hochland verbracht. In Lhasa unterrichtete sie Kunst an der Universität und vermittelte von dort aus Ausstellungen junger tibetischer Künstler in Deutschland.

Die Malerin, Autorin und Referentin führte als inhaltliche Leiterin des Tibethauses die Chefredaktion des Tibethaus Journals »Chökor«. Als 2016 die Tibethaus Kulturstiftung gegründet wurde, bildete sie mit Dirk Owerfeldt und Dr. Namri Dagyab den Vorstand. Die operative Führung haben mittlerweile Dr. Pia Stoffels und Tulku Tenzin Thoesam übernommen.

Neben Hessel hatte der gebürtige Tibeter Puntsok Tsering Duechung als geschäftsführender Vorstand die ersten Jahre des Hauses stark geprägt. »Wir Tibeter sind Flüchtlinge, wir haben unsere Heimat verloren. Nun nehmen wir unsere gesellschaftliche Verantwortung wahr und machen das buddhistisch basierte tibetische Wissen aus unserer 2000-jährigen Tradition für die Menschen, die es interessiert, zugänglich«, hatte er zur Eröffnung des neuen Domizils versprochen. Er konnte nur noch etwas mehr als zwei Jahre dazu beitragen. Mit 42 Jahren starb der Familienvater 2019 an Krebs.

Er vermisse ihn sehr, sagt der Schauspieler Ralf Bauer. Unter den Tibetern habe ihm neben Dagyab Rinpoche besonders Puntsok Tsering imponiert, mit dem er gut befreundet gewesen sei. Bauer gehört dem Beirat an. Er gibt Yoga-Workshops, hat viele Veranstaltungen und Konzerte des Tibethauses in Frankfurt moderiert. Bekannt geworden ist der Karlsruher durch seine Hauptrolle in der Fernsehserie »Gegen den Wind«, in der es um das Surferleben an der Nordsee ging. Durch eine tibetische Freundin wurde er vor einem Vierteljahrhundert auf das Schicksal der tibetischen Flüchtlinge aufmerksam. Er lernte viele Exiltibeter und ihre Kultur kennen und schätzen, hat sich intensiv mit dem Buddhismus beschäftigt. Die Tibeter seien sehr zurückhaltend. »Weil bei ihnen das Ich weniger wichtig ist, spielen sie sich nicht in den Vordergrund. Der Nachteil: Nur wenige wissen etwas über ihr Land und ihr Schicksal.« Dagegen arbeitet der Schauspieler und Regisseur seit Jahren an. 2021 hat er seine Erfahrungen aus Meditationen und seine vielen Besuche in Indien in einen Film umgesetzt: »Die Wiederkehr – Sem Dhul«. Darin spielt er einen Fluchthelfer, der Tibeter dabei unterstützt, nach Indien zu fliehen. Gedreht hat er in Ladakh, die nordindische Region ähnelt dem tibetischen Hochland. In Dharamsala, wo der Dalai Lama seit 1959 lebt, ist er häufig zu Gast. Dorthin zieht er sich zurück, wenn er neue Texte schreiben oder Ideen für Projekte entwickeln will. In seinem Film verbindet Bauer sein altes Leben als Surfer-Star in St. Peter-Ording mit der neuen Welt des Buddhisten in Indien. Für Bauer ist Hessen ein wichtiger Verbündeter. Die Politiker hier hätten wohl begriffen, wie wichtig der gewaltlose Freiheitskampf der Tibeter sei und dass diese dringend eine Stimme brauchten.

Das Tibethaus – Fakten und Zahlen

Mit der Schirmherrschaft hatte der Dalai Lama konkrete Vorgaben gemacht, welche Aufgaben er dem Tibethaus auferlegte. Demnach steht das Gebäude auf vier Säulen:

- Tibetische Kultur: Hier geht es um deren Überleben – sie ist Weltkulturerbe.
- Die Vermittlung der säkularen Ethik: Gemäß den Vorgaben des SEE Learning (steht für soziales, emotionales und ethisches Lernen) sollen Körper und Geist in Einklang stehen, damit der Mensch eine mitfühlende Verantwortung für seine Umwelt übernimmt.
- Der interreligiöse und interkulturelle Dialog: Im Austausch mit anderen Religionen sollen Unterschiede und Gemeinsamkeiten entdeckt werden, es geht um den Respekt vor dem Glauben anderer.
- Die Bewahrung und Vermittlung der indotibetischen Philosophie und Psychologie, ohne für den Buddhismus zu missionieren.

1

2

Schließlich sieht sich das Tibethaus auch als ein Zentrum für die Tibeter, die in Deutschland leben.

Getragen wird das Haus von der Tibethaus Kulturstiftung. Der gemeinnützige Verein Tibethaus Deutschland mit knapp 400 Mitgliedern und acht hauptamtlichen Mitarbeitern organisiert jährlich 350 Veranstaltungen zu Themen rund um den Buddhismus, die tibetische Kultur, Wissenschaft und interkulturellen Dialog. Ein Überblick:

- Begegnungs- und Studienzentrum
- Ausstellungen
- Konzerte
- Treffen mit Vertretern anderer Religionen, Menschen aus Nachbarländern Tibets, Chinesen
- Besuche von Gruppen und Schulklassen
- 300 Seminare, Workshops und Vorträge im Jahr
- Eigener Buchverlag

Die Stiftung fördert seit 2016 im Tibethaus weitere Vorhaben:

- Das Projekt Schule für tibetische Kinder, genannt »Sherab Ling« (im Deutschen: Garten des Wissens). Seit Januar 2018 sind ähnlich konzipierte Schulen auf Bundesebene entstanden.
- Phuntsok Tsering Scholarship: Ein gemeinsam mit der Universität Hamburg konzipiertes Stipendienprogramm, für das sich begabte Tibeter oder jemand aus dem Himalaya-Gebiet bewerben kann. Das Stipendium ist nach dem 2019 verstorbenen Vorstand der Stiftung, Phuntsok Tsering Duechung, benannt.
- Die Bibliothek vereint Sammlungen von Stiftern und Nachlässen.

Die alte Professorenvilla musste für die Zwecke des Tibethauses umgebaut werden. Es entstanden fünf Ebenen – gekennzeichnet entsprechend den fünf klassischen tibetischen Elementarfarben. Jede Etage erhielt eine kennzeichnende Farbe: das Souterrain bekam das gelbe Erdelement; dem Erdgeschoss wurde das rote Feuerelement zugedacht, dem ersten Stock das weiße Wasserelement und dem Dachgeschoss das blaue Raumelement. Der Garten mit seinen alten Bäumen steht für das grüne

1 Der spirituelle Leiter des Tibethauses, Dagya Rinpoche, der Dalai Lama und der Frankfurter Bürgermeister Uwe Becker.
2 Der Dalai Lama schenkt dem Tibethaus Frankfurt einen gesegneten Buddha.

Windelement. Neben Veranstaltungsräumen für Vorträge, Darbietungen, Kurse und Konzerte gibt es Möglichkeiten für Ausstellungen, ein kleines Tibetmuseum, die Bibliothek und einen Lhakhang (Raum der Gottheiten), einen traditionellen tibetischen Schreinraum. Er wird vor allem für Meditationen genutzt.

Eine Attraktion des Hauses ist im ersten Stock ein gold gestrichener offener Raum mit einem dreidimensionalen Mandala. Es ist Chenresig, dem Buddha des Mitgefühls, gewidmet und wurde nach alten Textanweisungen von der Künstlerin Ulrike Rosina Hoffmann gebaut. Das Mandala steht auch für eine symbolische Verbindung zur tibetischen Erde. Dafür haben Tibeter und Reisende Erde von Pilgerorten in Tibet, aus Bodhgaya (Indien) und Boudha (Nepal) nach Frankfurt gebracht. Holzperlen in fünf Farben, die die Juwelenseen in den vier Himmelsrichtungen und in der Mitte symbolisieren, sind mit dieser Erde gefüllt und liegen auf der runden Basis des Mandalas. Im Souterrain des Hauses erhalten Kinder in der Sonntagsschule Sherab Ling tibetischen Unterricht. Der Garten ist als Stätte der Achtsamkeit gedacht. Besucher sollen am tibetischen Gartenbrunnen oder unter der Pergola verweilen können. Sie können sogar rund ums Haus eine achtsame Gehmeditation auf den Schieferplatten vollführen. Der Berghof am Ortsrand von Wiesen im Naturpark Spessart, 80 Kilometer von Frankfurt entfernt, dient in Ergänzung zu den Angeboten des Tibethauses als Retreathaus, wo Seminare abgehalten werden.

Tibet heute: Kampf gegen den »kulturellen Genozid«

»Die Geschichte lehrt uns, dass brutale Regime auf Dauer den Lauf und die Richtung von Geschichte und Freiheit nicht aufhalten können. Es gibt keinen Zweifel, dass selbst die brutalsten Versuche Chinas, die tibetische Kultur, Sprache und Tradition auszulöschen, am Ende scheitern werden.« Der hessische Bundestagsabgeordnete Michael Brand (CDU) war 2024 gebeten worden, am 10. März des Jahres am Sitz der tibetischen Exilregierung im nordindischen Dharamsala die Rede zum Gedenken an den 65. Jahrestag des Aufstands der Tibeter zu halten.

Ist das naiv, verweigert sich da jemand der Realität oder hat er recht? Der Mann aus Fulda hatte ein markantes Beispiel für seine These mitgebracht. Er sei am Eisernen Vorhang zwischen den beiden Teilen Deutschlands aufgewachsen und habe die deutsche Teilung hautnah erlebt, führte er aus. Mehr musste er nicht sagen, denn die Ursachen für diese historische Wende, die zur Wiedervereinigung führte, sind bekannt. In Anlehnung an ein Bonmot des Dalai Lama fügte er hinzu, die etwas mehr als einhundert Jahre der Kommunistischen Partei Chinas seien ein Wimpernschlag im Vergleich zu 3000 Jahren Tibet.

Anfang der 1990er-Jahre brach die Sowjetunion auseinander. Das russische Kolonialreich war Geschichte. Wie sehr das die Oligarchie in Moskau noch heute schmerzt, kann jeder erkennen, der die Versuche Wladimir Putins verfolgt, das Reich der Zaren und seiner kommunistischen Nachfolger wiederherzustellen. Sogar der Massenmörder Stalin wird rehabilitiert. Für die Führung der Kommunistischen Partei Chinas war das Ende des Regimes der Schwesterpartei in Moskau ein Menetekel an der Wand. Mit Brutalität schlug der Machtapparat in Peking 1989 demokratisch motivierte Proteste nieder. Das endgültige Ende der Liberalisierung nach dem Tod Maos 1976 erfolgte sichtbar mit dem Massaker am 3. und 4. Juni 1989 auf dem Tiananmen-Platz in der Hauptstadt. Mit der neuen Unabhängigkeit der westlichen Nachbarn Äußere Mongolei, Kasachstan, Turkmenistan und Usbekistan wuchs die Sorge der han-chinesischen Führung, dass unter den 55 anderen Nationalitäten und Ethnien im Land ähnliche Begehrlichkeiten geweckt würden. Das von den Uiguren bewohnte Xinjiang, die Innere Mongolei und Tibet, die »Nebenländer Chinas«, wie sie der Sinologe Helwig Schmidt-Glintzer nennt, stehen seitdem im Fokus der Unterdrückungsmaßnahmen. Ein Geheimpapier aus dem Jahr 1991 hatte genau diese Regionen als für Abspaltungen besonders gefährdet identifiziert.

1

2

Mit dem Amtsantritt Xi Jinpings als Generalsekretär der KP Chinas 2012 begann eine neue Phase in der Minderheitenpolitik des Landes. Sie hat zum Ziel, alle Regionen zu sinisieren, also Sprache, Kultur und Traditionen ehemals eigenständiger Völker auszulöschen. Im Falle Tibets gilt diese Politik der Tilgung sogar für den Namen des Landes. Seit 2021 verwenden Parteizeitungen und staatliche Veröffentlichungen nur noch die Bezeichnung Xizang, wenn Tibet gemeint ist. Das gute Verhältnis zwischen dem chinesischen Alleinherrscher und dem russischen Präsidenten Putin ergibt sich aus den Parallelen in der Strategie. Die Expansion Chinas in Asien mit neuen und alten Ansprüchen auf Land- und Seegebiete wird aus der Geschichte der Kaiserzeit abgeleitet. Selbst die Fremddynastien der Mandschu müssen herhalten, um Herrschaftsansprüche wie im Falle Tibets zu legitimieren. Das Andenken an den Massenmörder Mao Zedong, dessen Regime 30 bis 40 Millionen Tote angelastet werden, wird mit Zitaten und Reminiszenzen aufpoliert.

Wie die aktuelle Minderheitenpolitik in Tibet angewendet wird, ist immer schwieriger von außen zu analysieren. Journalisten müssen eine Sondergenehmigung für den Besuch der Autonomen Region Tibet beantragen, die in der Regel abgelehnt wird. Selbst Diplomaten haben nur Zutritt, nachdem ihnen eine Erlaubnis durch die Behörden erteilt wurde – in der Regel wird der Antrag abschlägig beschieden. Besuche von Abgesandten der Europäischen Union in den vergangenen 20 Jahren könne man an einer Hand abzählen, heißt es in einem Bericht der Kommission in Brüssel. Genehmigte Reisen erfolgten nach einem streng kontrollierten Reglement, Gespräche mit Einheimischen ohne Beobachtung sind unmöglich. Im jährlichen Bericht des US-Außenministeriums an den Kongress heißt es, im Jahr 2023 habe es drei Anfragen der Amerikaner für einen Besuch in der Autonomen Region Tibet gegeben, alle drei seien negativ beschieden worden. Auch Augen- oder Zeitzeugenberichte werden rar. Die Geschäftsführerin der Tibet-Initiative Deutschland, Tenzyn Zöchbauer, berichtete in einem Interview, seit einigen Jahren gelinge es nur noch einer Handvoll Tibeter, über den Himalaya nach Indien oder Nepal zu fliehen. Vor 20 Jahren waren es noch Tausende. Tibet sei stärker abgeschottet als Nordkorea. Versuche, das Internet für Botschaften zu nutzen, seien schon deshalb kaum möglich, weil das chinesische Internet aufgrund der Zensurmaßnahmen und einer technischen Drosselung einem Intranet gleiche, schreibt die Korrespondentin der Süddeutschen Zeitung, Lea Sahay.

1 Landtagspräsident Norbert Kartmann empfängt den tibetischen Ministerpräsident im Exil, Dr. Lobsang Sangay, und die »Freunde für einen Freund« zu einem offiziellen Besuch im Hessischen Landtag, 2018.

2 Dr. Sangay trifft auf Vermittlung des Vereins auch die Hessische Landesregierung in den Räumen der Staatskanzlei, hier vertreten durch Staatsminister Lorz, 2018.

Und dennoch dringen immer wieder Nachrichten aus und über Tibet durch. 2024 fasste ein Autor der deutschen Niederlassung der International Campaign for Tibet (ICT) einige dieser Erkenntnisse zusammen. Martin Reiner schrieb von einer »Neuen Kulturrevolution«. Die chinesischen Machthaber setzten auf eine zwangsweise Assimilierung der Tibeter, u. a.

die Einweisung tibetischer Kinder und Jugendlicher in staatliche Internatsschulen. Das dokumentierten auch drei Sonderberichterstatter, die der Menschenrechtsrat der Vereinten Nationen eingesetzt hatte. Demnach sind ungefähr eine Million Kinder von der Maßnahme betroffen, das entspricht drei Vierteln dieser Generation. Tibetische Traditionen, Religion und Kultur würden in den Internaten derart unterdrückt, dass sich die Kinder kaum mehr in ihrer tibetischen Muttersprache ausdrücken können und so die Möglichkeit zum Austausch mit ihren Eltern und Großeltern verlieren. Tenzyn Zöchbauer hat erfahren, dass die Unterrichtssprache Mandarin ist, die Kinder müssten patriotische Lieder singen, in den Klassenräumen hängen Bilder von Staatspräsident Xi Jinping. Die Lehrer seien zum Teil nur Aushilfen. Mittlerweile werden auch Vier- und Fünfjährige den Familien weggenommen. Eltern, die sich dem verweigern, riskieren, dass ihre Kinder gar keine Schulbildung mehr erhalten.

Die traditionelle Lebensweise vieler Tibeter als Nomaden wird unter dem Vorwand der Armutsbekämpfung und des Umweltschutzes seit 2006 mit einem Regierungsprogramm bekämpft. Nach staatlichen Berichten gelang dies in der Autonomen Region bereits umfassend, in der benachbarten, ebenfalls von vielen Tibetern bewohnten Provinz Qinghai sollten rund 90 Prozent sesshaft werden. Laut einem Bericht von Human Rights Watch hat Peking seit 2016 mehr als 700.000 Menschen aus ländlichen Gebieten in Tibet umgesiedelt. Oft gegen deren Willen, manchmal ganze Dörfer. Betroffene wurden gezwungen, Land und Vieh abzugeben und in Siedlungen umzuziehen, die weit entfernt von ihren Weidegründen liegen. Viehherden wurden kollektiviert oder mussten geschlachtet werden, um den Kauf der Häuser zu finanzieren.

In der Autonomen Region Tibet wird seit 2016 eine DNA-Datenbank befüllt. Ziel ist die massenhafte Sammlung der DNA-Informationen von Menschen jedes Alters, weder Kinder noch Mönche oder Nonnen wurden ausgenommen. Das ergab eine Metastudie der Universität Toronto, die dafür hundert verschiedene Quellen bis zum Jahr 2022 ausgewertet hat. Sie kommt zu dem Ergebnis, dass die mit der Sammlung beauftragte Polizei in den sechs Jahren insgesamt ungefähr eine Million

V.l.n.r.: Frank Auth, Vorsitzender »Freunde für einen Freund«; Horst Klee, Alterspräsident des Hessischen Landtags; Astrit Wallmann, Landtagspräsidentin; Penpa Tsering, Ministerpräsident Exil-Tibet; Thinlay Chukki, Repräsentantin des Dalai Lama in Genf; Peter von Unruh, Direktor des Hessischen Landtags, 2022.

Proben genommen hat. Das entspreche rund einem Drittel der auf etwas mehr als drei Millionen geschätzten tibetischen Bevölkerung. Wichtig ist den Rechercheuren zu erwähnen, dass der DNA-Entnahme keinerlei polizeiliche Ermittlung zugrunde gelegen habe, obwohl die Maßnahme damit begründet wurde, Kriminalität zu bekämpfen, Vermisste zu finden und soziale Stabilität herzustellen. Aus Sicht der Kanadier handelt es sich um ein Programm zur sozialen Kontrolle. Ähnliche Entnahmen hat man in der Uiguren-Provinz Xinjiang und, ausschließlich bei Männern, in ganz China beobachtet.

Zur »Neuen Kulturrevolution« gehört auch, den Buddhismus unter Kontrolle zu bringen. Dieser müsse sich »der sozialistischen Gesellschaft anpassen«. Auch Nonnen und Mönche müssten die Autorität des Präsidenten Xi Jinping anerkennen, heißt es. Seit Anfang 2019 gibt es Anordnungen, in Klöstern und Tempeln Porträts von Mao Zedong und Xi Jinping aufzuhängen. Regierungskader und Parteimitglieder dürfen sich nicht religiös betätigen. Das atheistische Regime der Kommunistischen Partei steckt dabei in einem Dilemma. Einerseits ist per Verfassung von 1949 die freie Ausübung der Religion garantiert. Andererseits gelten islamische und buddhistische Religionsführer als potenzielle Gefährder. Im Falle des Buddhismus versucht das Nationale Büro für Religionsangelegenheiten sogar, mit »Verwaltungsmaßnahmen für die Reinkarnation Lebender Buddhas des tibetischen Buddhismus« seit 2007 Einfluss auf die Wiedergeburt tibetischer Lamas zu nehmen. Die wichtigsten Klauseln setzen eine staatliche Genehmigung für die Identifizierung von Reinkarnationen und das Findungsergebnis voraus. Verboten wird Einmischung oder Kontrolle von Organisationen oder Personen außerhalb des chinesischen Staatsgebietes. Dieser »Verwaltungsakt« zielt vor allem darauf ab, die Nachfolge des 14. Dalai Lama staatlich und innerchinesisch zu regeln. Anfang 2016 hat die chinesische Regierung eine Online-Datenbank eingerichtet, die die Namen von rund 900 Inkarnierten enthält. Nur wer in diesem Verzeichnis aufgeführt ist und eine »Lizenznummer« erhalten hat, gilt als staatlich anerkannter »Lebender Buddha«. Der Dalai Lama fehlt in dieser Datei. Mönche werden mittlerweile gezwungen, den Dalai Lama öffentlich zu diffamieren. Die buddhistischen Studienzentren Larung Gar und Yachen Gar mit Unterkünften für einige tausend Mönche und Nonnen wurden abgerissen. In Klöstern wurden seit 2014 von Staat und Partei kontrollierte »Management-Teams« eingesetzt. In der Nähe großer Klöster befinden sich Polizeistationen. Die China-Korrespondentin Lea Sahay berichtet, dass die chinesischen Sicherheitsbehörden Besuchern des Landes eine Software auf das Mobiltelefon aufspielten, mit deren Hilfe Bilder des Dalai Lama identifiziert werden können. Deren Besitz oder Verbreitung wird streng bestraft.

Die Parteiführung in Peking lässt keinen Zweifel daran, wie wichtig ihr die Assimilierungspolitik im Süden Chinas ist. Die Neue Kulturrevolution ist Chefsache. Für viele überraschend reiste Präsident Xi Jinping 2021 nach Tibet. Es war der erste Besuch eines Staatspräsidenten seit 30 Jahren. In Lhasa besuchte Xi ein Kloster und den Potala-Palast. Er habe sich vor Ort über den Schutz des tibetischen Kulturerbes informiert, heißt es in offiziellen Berichten. Kein Zufall dürfte die Visite im Potala-Palast gewesen sein. Dort befand sich bis zu seiner Flucht 1959 der traditionelle Sitz des Dalai Lama. Mit Bedacht dürfte der Generalsekretär und Oberkommandierende der Volksbefreiungsarmee seine Begleitung ausgewählt haben. Zu seiner Entourage gehörte der stellvertretende Vorsitzende der Zentralen Militärkommission Chinas. Das Land hat eine 22.500 Kilometer lange Außengrenze. Besondere strategische Bedeutung besitzt dabei die Himalaya-Region, in der sich China und Indien, neuerdings auch Nepal, um den exakten Verlauf der Grenze streiten. Touristen und andere Beobachter berichten, dass selbst in den entlegensten Gebieten chinesische Truppen massiert sind und weiter daran gearbeitet wird, selbst diese Grenze auf bis 6000 Meter Höhe unüberwindbar zu machen.

Das scheinbar vergessene Hochland im Süden des Reiches ist für die Parteispitze in Peking also offenbar weitaus bedeutender, als es zuletzt in der Öffentlichkeit schien. Das begründet die hohen Summen, die China in Infrastruktur und Wirtschaft der Region investiert hat. 2023 rühmte sich ein Professor des in Peking angesiedelten Tibetology Research Center (CTRC), es habe in seiner vier Jahrzehnte währenden Amtszeit eklatante Fortschritte im Umgang mit den Menschenrechten in Xizang, wie er nun Tibet nannte, gegeben. Dafür machte er im Wesentlichen den zunehmenden Wohlstand der Menschen in der Region verantwortlich. Ernährung, Kleidung und Wohnen hätten enorm an Qualität gewonnen. In einer »White Paper« genannten Aufstellung rechnete der Experte vor, dass es in der Region überdurchschnittliche Fortschritte in der sozialen und wirtschaftlichen Entwicklung gegeben habe. So habe das verfügbare Pro-Kopf-Einkommen eines Tibeters 2022 bei 26.675 Yuan gelegen, umgerechnet 3449 Euro. Es habe sich seit 2012 um das 2,28-Fache erhöht. Was bei der Veröffentlichung nicht gesagt wurde: Zum gleichen Zeitpunkt lag das Pro-Kopf-Einkommen für den Rest Chinas bei 12.500 Euro, umgerechnet 96.662 Yuan. Auch die Behauptung, die tibetische Sprache werde nahezu überall gesprochen, wird von den Berichten aus den Schulen, Behörden und internen Berichten widerlegt. Die tibetische Exilregierung spricht inzwischen von einem »kulturellen Genozid«.

Der Tibetkenner und Sozialforscher Andrew Fischer hat mit seinen Untersuchungen darüber hinaus belegt, dass von dem sozialen und wirtschaftlichen Fortschritt der Region vor allem die zugewanderten Han-Chinesen und Muslime profitierten, die freiwillig oder zwangsweise angesiedelt worden waren. Sie machen inzwischen die Mehrheit der Bevölkerung aus. Selbst wenn man die

1

2

tibetischstämmigen Einwohner der benachbarten Provinzen Gansu, Sichuan und Qinghai hinzurechnet, stehen mittlerweile sechs Millionen Tibeter mehr als 7,5 Millionen Han-Chinesen gegenüber. Dazu hat eines der größten Infrastrukturprojekte, der Bau der Sichuan-Tibet-Bahn, beigetragen. Sie ist seit 2006 auf einer Teilstrecke fertig und soll bis 2030 die Verbindung zwischen der Millionenstadt Chengdu und Lhasa über eine Entfernung von 1800 Kilometern herstellen. Jährlich kommen auf diese Weise Tausende Neuankömmlinge in die Region, viele Wanderarbeiter bleiben dauerhaft dort.

Neben der militärisch-strategischen Bedeutung der Südflanke Chinas hat die Führung in Peking weitere Gründe, das Himalaya-Gebiet dauerhaft unter Kontrolle zu halten. Die Tibet-Initiative hat einmal zusammengetragen, was das tibetische Hochland so wertvoll macht. Auf der Fläche von rund 2,5 Millionen Quadratkilometern gibt es eine Vielzahl von Bodenschätzen wie Silber, Gold, Kupfer, Blei, Zink, Uran oder Lithium. Selbst diese wegen der Höhe und Zerklüftung des Gebietes schwer zugänglichen Vorkommen sind inzwischen für das Industrieland China von hohem Wert. Daher entstehen in Tibet viele neue Minen. Die Anlage von Straßen und Bahnstrecken sowie von Staudämmen zur Stromgewinnung dienen in erster Linie dem Abbau und Transport dieser Bodenschätze. Die Bewohner vor Ort profitieren selten von der Ausbeutung, haben aber oft genug Nachteile. Minen entstehen zum Beispiel an heiligen Bergen, und der Abbau führt zu Umweltverschmutzung und Gesundheitsgefährdungen. Das Umsiedlungsprogramm für Nomaden ist zum Teil darauf zurückzuführen. In den letzten Jahren ist es immer wieder zu Protesten von Tibetern gegen den Bergbau gekommen. Seit 2010, so haben die Organisationen Tibet Watch und Canada Tibet Committee festgestellt, hat es mindestens 17 Proteste gegen Bergbauaktivitäten gegeben, an denen teilweise mehrere Tausend Tibeter teilgenommen haben. Die größten Widerstände provozieren die ehrgeizigen Staudammprojekte Pekings. Das Hochland gilt als das Wasserreservoir Asiens, von dem die Versorgung von zwei Milliarden Menschen abhängt. Einige der bedeutendsten Flüsse Asiens haben hier ihre Quelle: der Gelbe Fluss, der Jangtse, der Indus, der Mekong und der Yarlung Tsangpo, der später als Brahmaputra durch Indien fließt. Schon jetzt ist Tibet mit über 100 vollendeten, im Bau befindlichen oder geplanten Staudämmen der wichtigste Energielieferant für die chinesische Wirtschaft. Am Yarlung-Fluss, dem Oberlauf des Brahmaputra, plant das Regime in Peking den größten Staudamm der Erde mit noch unabsehbaren Folgen für die Umwelt, die Kultur und die Bevölkerung,

1 Konzentrierte und freundschaftliche Gespräche zwischen tibetischen und hessischen Regierungsvertretern und dem Verein »Freunde für einen Freund«, 2022.

2 Gastgeschenk für den Ministerpräsidenten im Exil, Landtagspräsidentin Astrid Wallmann mit Penpa Tsering, 2022.

sowohl im unmittelbar betroffenen Tibet wie im benachbarten Indien. Rund um das betroffene Gebiet kommt es trotz der verschärften Sicherheitsmaßnahmen von Polizei und Militär immer wieder zu Massenprotesten.

China würde mit dem Staudamm einen Großteil der Wasserversorgung Südasiens kontrollieren. »Die Region verfügt über die weltweit größten Ressourcen für Wasserkraft«, heißt es in einer offiziellen Verlautbarung von PowerChina, dem größten Energieanbieter des Landes. Kritiker werfen ein, die Region sei erdbebengefährdet und berge eine einzigartige Artenvielfalt. Auch müssten wieder Einheimische umgesiedelt werden. Ein anderes Staudammprojekt in der Provinz Sichuan forderte den Widerstand der Bevölkerung heraus. Mehrere Hundert tibetische Mönche und Angehörige der tibetischen Minderheit seien dort festgenommen worden, meldeten westliche Medien im Frühjahr 2024. Seit Mitte Februar hätten die Demonstranten friedlich gegen den Bau eines Wasserkraftwerks am Fluss Drichu, einem Oberlauf des Jangtse, protestiert. Einige der Festgenommenen seien geschlagen worden. Geplant ist, zwei größere Dörfer umzusiedeln und sechs Klöster zu überfluten, hieß es.

Zurück zum Anfang. Steht das System der Kommunistischen Partei Chinas so felsenfest? Werden aus hundert Jahren irgendwann 150 Jahre? Wird Xi Jinping regieren, bis ihm ein Mausoleum errichtet worden ist? Wer liest und hört, was Partei- und Staatsapparat, die nahezu identisch sind, alles an Maßnahmen unternehmen, um sich an der Macht zu halten, bekommt einen anderen Eindruck. Dieses Regime misstraut sich selbst. Seit Xi Jinping die Macht übernommen hat, gab es eine Fülle von Innovationen im Überwachungsstaat China, die viele an die schlimme Dystopie erinnern, die der Schriftsteller George Orwell in seinem Buch »1984« beschrieben hat. »Ein Funke genügt, um einen Steppenbrand auszulösen.« Wieder muss der Große Steuermann Mao Zedong bemüht werden, dieses Mal als Quelle für tiefes Misstrauen. Unter dem Namen »Skynet«, entlehnt aus dem Film »Terminator«, haben die chinesischen Sicherheitsbehörden ein System aus 700 Millionen Überwachungskameras in allen Teilen des Landes installiert. Integriert ist eine Gesichtserkennungssoftware, die sich auch durch Masken nicht irritieren lässt, sowie eine Nummernschildidentifikation für Autos. Hinzu kommt eine »automatisierte, intelligente Spracherkennungstechnologie«.

Dass Tibet als Testgebiet für viele dieser Anwendungen herhalten muss, zeigt das Taxiprojekt von 2019. Kurz vor dem 10. März, an dem sich der Aufstand in Lhasa zum 60. Mal jährte, tauchten in der tibetischen Hauptstadt 200 neue Taxis auf. Sie hatten Kameras und Software zur Gesichtserkennung an Bord, die Fahrstrecke konnte per GPS ausgelesen, Telefongespräche konnten aufgezeichnet werden. Ebenso »bevorzugt« behandelt fühlen dürften sich Angehörige ethnischer

Minderheiten wie Uiguren, Tibeter oder Mongolen. Mit Hilfe einer Software, die das IT-Unternehmen Huawei mit einem Start-up entwickelt hatte, identifiziert ein visuelles System bestimmte Gesichtszüge, die ein Algorithmus ethnischen Gruppen zugeordnet hatte. Offenbar hatte der für Tibet zuständige Parteisekretär Chen Quanguo von 2011 bis 2016 seine Aufgabe so gut erledigt, dass er anschließend in die Uiguren-Provinz Xinjiang befördert wurde. Dort führte er ein, was er in seinem bisherigen Wirkungsgebiet erprobt hatte. Das »Grid-Management«, ein System der sozialen Kontrolle, das Beamten die persönliche Überwachung über tibetische Familien in ihrer Nachbarschaft übertrug, die als »gefährdet« galten. Regelmäßig besuchen die Kontrolleure ihre »Schutzbefohlenen« und führen Befragungen durch.

Wie riskant es für das Regime unter Xi Jinping werden kann, wenn solche Maßnahmen überdehnt werden, zeigten die Reaktionen der Bevölkerung auf die Lockdown-Phasen während der Covid-19-Pandemie. Die Journalistin Lea Sahay hat diese Zeit in China miterlebt. Sie schreibt, der Pakt zwischen Partei und Volk schien zu bröckeln. Bis dahin waren Überwachungen und Internierungen in Xinjiang oder Tibet für die meisten Chinesen weit entfernte Realitäten. Eingriffe in ihre eigene Privatsphäre hatten sie mit dem Kommentar »Ich habe nichts zu verbergen« quittiert. Jetzt standen sie selbst »im Fadenkreuz einer ideologisch betriebenen Kampagne«. Die stille Übereinkunft zwischen dem Reformer Deng Xiaoping und den Chinesen nach dem Motto »Wir lassen euch reich werden und ihr hört auf die Partei« schien unter dem Diktator Xi Jinping aufgekündigt worden zu sein. Der Staat und die Partei mischten sich überall ein. Was Tibetern und Uiguren widerfuhr, erlitten jetzt die Han-Chinesen, zum Beispiel mit der Gesundheits-App, die auf jedem Mobiltelefon aufgespielt sein musste. Nur mit Mühe konnte das Regime die vielen kleinen Funken austreten, die, anders als von Mao prognostiziert, noch nicht zu einem Flächenbrand geführt hatten. Nur die Zensur hat verhindert, dass Tausende von Protesten im Westen wahrgenommen wurden. Trotz der brutalen Kasernierung von Millionen Menschen gehen externe Schätzungen davon aus, dass die Pandemie in China ein bis zwei Millionen Tote gefordert hat. Kritiker, nicht nur im Ausland, sprachen von einem Totalversagen der scheinbar allmächtigen Kommunistischen Partei.

In Tibet und den angrenzenden Regionen gab es ebenfalls Gegenwehr, dort fielen die Überwachungsmaßnahmen härter und brutaler aus. Die Tibet-Initiative berichtet von zahlreichen virtuellen Protesten gegen die Null-Covid-Politik. Tibeter schilderten katastrophale Zustände im Lockdown. Die staatlichen Zensurbehörden waren ob der vielen Klagen überfordert und konnten nicht alle Beschwerden im Internet löschen. Unruhen auf den Straßen von Lhasa im Oktober 2022 zeigten ein neues Phänomen: chinesische Wanderarbeiter, die oft weit unter dem Existenzminimum leben,

1

2

3

demonstrierten gemeinsam mit einheimischen Tibetern. Das Aufbegehren bis in die Gegenwart ist vielfältig und verjüngt sich. Elke Hessel, die lange in Tibet gearbeitet und gelebt hat, ist aufgefallen, dass junge Tibeter die digitale Revolution als eine Chance für die tibetische Kultur sähen. Bis zum Herbst 2023 hätten Lamas, also Religionsgelehrte, zum Beispiel Podcasts und Videos produziert und regelmäßig veröffentlicht, was in Tibet sehr populär gewesen sei. Junge Tibeter in der Autonomen Region hätten sehr positiv auf die Unterweisungen reagiert, die zum Teil von in Indien lebenden Lamas gesendet worden seien. Inzwischen werden die Übertragungen von der chinesischen Zensur unterbunden.

Im September 2024 kam der Sänger Palden vorzeitig aus der Haft frei. Man hatte ihm wieder Strafe angedroht, wenn er Lieder von politischer Sensibilität veröffentliche. In einer Geheimverhandlung war Palden zu drei Jahren Gefängnis verurteilt worden. Er hatte im Dezember 2022 an einem online abgehaltenen Gesangswettstreit teilgenommen, in dem er den Song »Messenger of (Tibetan) Empire« performt hatte. Für seine Stimme wurde er in Tibet gefeiert, sie sei von Patriotismus und Herzlichkeit geprägt, hieß es. Schon 2013 waren insgesamt neun Sänger inhaftiert worden. Die Kommunistische Partei hatte eine harte Kampagne gegen Künstler initiiert, der viele Interpreten zum Opfer fielen. Sie wurden wegen »spalterischer und staatsfeindlicher Aktivitäten« verhaftet und zu mehrjährigen Strafen verurteilt. Anlass waren kritische Texte, die sie öffentlich vorgetragen hatten. Einer dieser ursprünglich sogar von chinesischer Seite geförderten Künstler war der tibetische Sänger Tsewang Norbu, der sich im Mai 2022 mit 25 Jahren vor dem Potala-Palast in Lhasa selbst verbrannte. Mittlerweile wurden mindestens 170 Selbstverbrennungen seit 2009 gezählt. Polizei und Militär stehen dem machtlos gegenüber, Polizeistationen seien lediglich mit mehr Feuerlöschern ausgestattet worden, heißt es. Wie groß die Angst des Pekinger Regimes vor dem eigenen Volk ist, lässt sich an einer Zahl ablesen: 200 Milliarden Euro kostet nach Schätzungen das System der Inneren Sicherheit. Der offiziell bekannte Wehretat betrug im Jahr 2023 knapp 300 Milliarden Euro.

China, das sich so gerne als Supermacht sieht – und von anderen gerne so gesehen wird –, gleicht einem Riesen auf tönernen Füßen. Das Land steht in den nächsten Jahrzehnten vor riesigen Herausforderungen, von denen die Minderheitenfrage nur eine von vielen ist. Die Gesellschaft

1 Jugendliche Tibeter lüften für den Fotografen ihr Geheimnis: Erst wenn das T-Shirt gefaltet auf dem Boden liegt, erkennt man das Porträt des verehrten Dalai Lama.

2 Sichtlich verstört erstarren die jungen Mönche am Straßenrand, während minutenlang Panzer durch ihr Dorf rollen.

3 Mitten in den Bergen Tibets gelegen, thront der Potala Palast mit seinen goldenen Spitzen über der einst verbotenen Stadt.

Nyalam police Service Post
拉木县便民警务站
POLICE 公安 POLICE
1

342
024
121
2

慢
3

altert dramatisch, jeder fünfte Chinese war 2024 älter als 60 Jahre. Zwei Jahre zuvor war die Zahl der Bevölkerung zum ersten Mal geschrumpft. Bemühungen, die erst 2015 aufgegebene Ein-Kind-Politik mit geschätzt 300 Millionen Abtreibungen zu drehen, scheitern. Gebar rechnerisch eine chinesische Frau 2017 noch 1,8 Kinder, sank diese Quote sieben Jahre später auf ein Kind, zusammen mit Südkorea die niedrigste Geburtenrate der Welt. Die Jugendarbeitslosigkeit ist immens, sie wird auf ungefähr 20 Prozent geschätzt. Bald aber werden Arbeitskräfte knapp. Die Regierung hat bisher nicht Hand an das Renteneinstiegsalter gelegt, das für Männer bei 60 Jahren und bei Frauen zwischen 50 und 55 liegt. Die Renten selbst sind katastrophal niedrig, weshalb auf dem Land die meisten Chinesen so lange arbeiten, bis es körperlich nicht mehr geht.

Das hielt den chinesischen Ministerpräsidenten Li Qiang beim Weltwirtschaftsforum im Januar 2024 nicht davon ab, die Wirtschaft der Welt einzuladen: »In den chinesischen Markt zu investieren, ist eine Chance, kein Risiko.« Dem sind in den vergangenen Jahren zahlreiche deutsche Unternehmen gefolgt. Nur wenige haben sich bisher mit dem Gedanken eines De-Risking oder gar De-Coupling beschäftigt. Die Bundesregierung hat im Jahr 2023 ihre lange angekündigte China-Strategie vorgelegt. Darin heißt es unter anderem: Sie soll Wege und Instrumente aufzeigen, wie die Bundesregierung mit China zusammenarbeiten kann, ohne Deutschlands freiheitlich-demokratische Lebensweise, unsere Souveränität, unseren Wohlstand sowie unsere Sicherheit und Partnerschaften mit anderen zu gefährden.

Tibet wird in dem 60 Seiten langen Papier zweimal erwähnt. Kulturelle Entfaltung und Identität ethnischer und religiöser Minderheiten stünden unter Druck. Als Beispiel nennt das Papier Menschenrechtsverletzungen in den autonomen Regionen Xinjiang und Tibet. Einige Seiten weiter verspricht die Regierung in Berlin, sich »in unseren Beziehungen zu China weiter für die Einhaltung der Menschenrechte« einzusetzen. Dies gelte unter anderem für die Lage in Tibet. Der Dalai Lama und die ebenfalls im nordindischen Dharamsala seit mehr als 60 Jahren residierende Exilregierung werden in dem Papier nicht genannt.

Dabei sind Besuche der jeweiligen Exilministerpräsidenten in Deutschland, vor allem in Hessen, nicht ungewöhnlich. Zuletzt empfing Astrid Wallmann (CDU), Präsidentin des hessischen Landtags,

1 Was man im Westen als Schwimmhilfe versteht, wird in Tibet als sogenannter „Menschenfänger“ zum Einsatz gebracht. Zu finden an jeder Polizeistation.

2 Gepanzerte Fahrzeuge der Armee.

3 Lebensgroße Polizeifiguren stehen überall im Land verteilt. Der stille Protest gegen die Besatzer wird durch Vandalismus deutlich sichtbar.

Penpa Tsering, den 2021 gewählten Chef der Exilregierung, im Oktober 2022 gemeinsam mit Abgeordneten und Mitgliedern des Vereins »Freunde für einen Freund«. Weder damals noch im Frühjahr 2024 traf sich bei seinem Besuch in Berlin ein Mitglied der Bundesregierung mit Penpa Tsering. Wenige Tage zuvor, im Mai 2024, hatte Frankreichs Staatspräsident Emmanuel Macron den Chef der Exilregierung noch zu sich in den Elysée-Palast eingeladen, übrigens kurz vor dem Besuch des chinesischen Präsidenten. Über die Haltung der Berliner Regierung ist der Sikyong, wie sein tibetischer Titel lautet, nicht sehr glücklich. Das drückte er gegenüber der Frankfurter Allgemeinen Zeitung diplomatisch so aus: »Wir erwarten nicht, dass Deutschland seine natürlichen Interessen für die Interessen Tibets zur Seite legt«, sagt er. Doch Deutschland müsse langfristig denken. »Das ist ein Krieg der Ideologien«, sagte Tsering. China wolle sein autoritäres System exportieren. Wenn Deutschland das nicht wolle, müsse es für seine Werte einstehen. Er glaube fest daran, dass sich eines Tages eine Lösung für sein Volk finde. Spätestens dann, wenn es einen politischen Wechsel in China gibt. »Als Buddhisten glauben wir an Unbeständigkeit.«

Einen wiedererstarkten Dalai Lama hat Michael Brand, der Bundestagsabgeordnete aus Fulda, Anfang April 2025 in Dharamsala gesehen. Seine Einschätzung: »Ich habe einen Mann erlebt, dessen Intellekt mir weitaus deutlich jünger erschien als der eines fast 90-Jährigen.« Körperlich scheine es ihm seit der Behandlung in den USA deutlich besser zu gehen. Abermals hat der regelmäßige Besucher aus Deutschland sich mit dem Dalai Lama ausgetauscht und sich besonders über die wertschätzende Begrüßung »Stirn auf Stirn« gefreut. Besorgniserregend findet Brand, der den Parlamentskreis Tibet im Bundestag leitet, wie sich jüngste Entscheidungen der US-Regierung auswirken. Bis vor Kurzem war die tibetische Exilregierung Empfängerin von finanzieller Unterstützung der United States Agency for International Development (USAID). Diese wurde laut Brand komplett eingestellt. Zufrieden zeigt er sich, dass im Koalitionsvertrag der neuen Koalition aus CDU/CSU und SPD in Berlin indirekt auf solche Entwicklungen Bezug genommen werde, Er wolle darauf hinwirken, dass rund ein Drittel der finanziellen Förderung aus den USA nun von Deutschland übernommen würde. »Am liebsten wäre mir eine europäische Initiative zugunsten der Exiltibeter.«

Die Vielfalt der Gesteinsschichten im Transhimalaya scheint schier unendlich und erinnert an den Begriff »Seltene Erden«

Die Mission darf nicht enden

Ein Nachwort von Roland Koch

Dieses Buch beschreibt eine ungewöhnliche Geschichte. Sie handelt von Emotionen, von Engagement und von Freundschaft. Zugleich handelt das Buch von großen Fragen der Politik und des friedlichen Zusammenlebens auf einem Planeten mit vielen Krisen und Konflikten. Vor allem aber beschreibt das Buch einen einzelnen Menschen, Tenzin Gyatso, den 14. Dalai Lama. Ohne ihn und seine beeindruckende Sichtbarkeit gäbe es keine weltweite Solidarität mit dem in seiner Kultur existenziell bedrohten Volk der Tibeter. Ohne ihn hätte sein Volk schon lange die Zuversicht und wohl auch die Bindung an die absolute Gewaltlosigkeit verloren, und ohne ihn hätte die Welt auf einen der ganz großen Charaktere der Menschlichkeit und der inneren Ruhe verzichten müssen.

Für mich persönlich gehört es zu den großen, lang wirkenden Erlebnissen, zu beobachten, wie Menschen hier in Deutschland, zumeist in Hessen, sich der besonderen Mission angeschlossen haben, dem Mönch aus Tibet, der als Oberhaupt seines Volkes nach alten Riten ausgewählt wurde, zu helfen. Selten konnte ich erfahren, wie das bloße Zusammentreffen mit dieser Persönlichkeit Gräben zuschüttete und Gemeinsamkeit entstehen ließ. Die seit Jahrzehnten andauernde und entschlossene Unterstützung der Interessen des tibetischen Volkes, über alle sonst scharfen Parteigrenzen hinweg, macht Wiesbaden zu einem besonderen Ort.

Konnten wir ihm geben, was er, was sein Volk braucht? Alles, was der Dalai Lama uns an Erlebnissen, Einsichten und Kraft gegeben hat, konnten wir nur in Form unseres Bemühens erwidern. Da war und ist das Bemühen, die Sache der Tibeter nicht in Vergessenheit geraten zu lassen. Da ist das Bemühen, den schleichenden Genozid an einem faszinierenden Volk auf die politische Tagesordnung zu setzen. Nehmen wir die Ziele zum Maßstab, waren wir bis heute nicht erfolgreich. Die Klöster werden von außen und innen zerstört, der Sprache der Tibeter droht der Untergang, schon ein Bild des Dalai Lama in einer Wohnung löst staatliche Repressalien aus. Es ist nicht besser geworden.

Über 30 Jahre Freundschaft.

Das Wichtigste, das ich von meinen vielen Begegnungen und Diskussionen mit Tenzin Gyatso in meinem Herzen und in meinem Kopf trage, ist, Resignation als menschlich unbegründet und politisch illegitim zu erkennen. Im Kreislauf der Geschichte der Menschen verliert nur der, der aufgibt. Die faszinierende Lehre des buddhistischen Mönchsvolkes, ihre Kultur und Sprache, vor allem aber die unendliche Zahl wunderbarer Menschen, die ganz einfach nur auf ihrem Weg glücklich sein wollen, können gerettet werden.

Wiesbaden und Hessen wurden zu einem Ort gemeinschaftlichen Bemühens für die Sache des tibetischen Volkes. Für ganz viele der »Freunde für einen Freund« wurde das sogar zu einer Mission. Sie darf nicht enden. Das Ziel ist, leider, noch in weiter Ferne.

Roland Koch, Ministerpräsident des Landes Hessen 1999–2010

Danksagung

Wir danken dem Land Hessen, dem Hessischen Landtag und den Fotografen, die ihre Fotos zur kostenfreien Nutzung überlassen haben. Als gemeinnütziger Verein waren wir auf Spenden von Privatleuten und Stiftungen angewiesen, dafür danken wir herzlich. Wer den Dalai Lama nicht vergessen hat und dieses Buch und unsere Arbeit unterstützen möchte, darf auch gerne spenden:

Freunde für einen Freund e. V.

Spendenkonto DE94 50190000 6000 3483 07

www.freunde-fuer-einen-freund.de

Anhang

Die Chronologie der Begegnungen in Hessen

1973 Oktober/November	• Erster Besuch in Deutschland bei der Akademie der Wissenschaften München und in der Abtei Maria Laach
1982 Oktober/November	• Besuch der Buchmesse in Frankfurt als Ehrengast, Jahresthema »Religion von gestern in der Welt von heute« • Besuch des Tibet-Zentrums in Wachendorf/Eifel • Empfang im Bonner Rathaus, Treffen mit Joseph Beuys und Gotthard Graubner • Zu Gast im Tibetischen Zentrum in Hamburg • Besuch in Hofheim, Kelkheim und Glashütten • Empfang im Schlosshotel Kronberg (in Begleitung von Außenminister Tashi Wangdi), Empfang in der Hofheimer Stadthalle durch den Landrat Dr. Bernward Löwenberg • Treffen mit leitenden Mitarbeitern der Hoechst AG
1983 September	• Besuch in Hofheim, Bad Soden (bei Familie Löwenberg), Besuch bei Intendant Dieter Stolte in Mainz
1984 Juli	• Besuch in Kelkheim mit Gartenempfang bei Familie des Hoechst-Managers Dr. Klaus Trouet • Gartenempfang bei Familie Brückner in Glashütten
1985 Juli	• Empfang für den Dalai Lama im Hotel Sheraton am Flughafen • Aus Anlass des 50. Geburtstages des Dalai Lama lädt das Kloster Rikon in der Schweiz zu einer Feier, an der viele hessische Freunde teilnehmen.

1987 September	• Empfang des Dalai Lama, der von Ministern der Exilregierung begleitet wird, durch Repräsentanten des Main-Taunus-Kreises am Flughafen, • Gespräch mit ZDF-Intendant Dieter Stolte in Mainz • Empfang im neuen Kreishaus Hofheim • Vortrag zum Thema »Ein menschlicher Weg zum Frieden in der Welt« in der Stadthalle Hofheim vor 1300 Gästen.
1989 April	• Treffen mit hessischen Freunden am Flughafen, Auftakt einer Reise durch Europa, auf der Friedhelm Brückner den Dalai Lama begleitet. • Unter anderem Treffen mit Carl-Friedrich von Weizsäcker in Offenburg, Rede im Europa-Parlament in Straßburg. Nach Einladung in Paris von Danielle Mitterrand Rückkehr nach Frankfurt
1989 Dezember	• Bevor der Dalai Lama am 10. Dezember in Oslo den Friedensnobelpreis entgegennimmt, reist er mit hessischen Freunden nach Berlin, wo er vom Regierenden Bürgermeister empfangen wird und in der Kongresshalle eine Ansprache hält; er fährt mit der Bundestagsabgeordneten der Grünen, Petra Kelly, nach Ost-Berlin und trifft Mitglieder des Runden Tisches.
1990 Oktober	• Nach Rückkehr von einem Besuch bei Bundespräsident Richard von Weizsäcker Treffen mit hessischen Freunden in Kelkheim, Schlosshotel Rettershof, Besuch der Buchmesse und Exklusivinterview beim heute Journal in Mainz
1994 Februar	• Der Dalai Lama sagt eine Reise nach Frankfurt ab, um diplomatische Komplikationen für die deutschen Freunde zu vermeiden. Er sollte bei einem Festakt aus Anlass der 1200-Jahr-Feier der Stadt mit dem französischen Präsidenten François Mitterrand und Bundespräsident Richard von Weizsäcker auftreten. Zuvor hatte das Außenministerium davor gewarnt, dass dies zu Schwierigkeiten mit China führen könnte. Parallel findet das Filmfestival »Frankfurt-Lhasa und zurück« statt, an dem zwei Minister der Exilregierung teilnehmen.
1994 Dezember	• Premiere des Films »Ein Volk will leben« von Friedhelm Brückner für ZDF und Arte in der Paulskirche mit Festvortrag von Roland Koch
1995 Mai	• Erste öffentliche Rede des Dalai Lama in einem deutschen Parlament auf Einladung des hessischen Landtags in Wiesbaden; Interview beim ZDF Mainz

1995 Juli	• Eine hessische Delegation reist nach Indien, um mit dem Dalai Lama in New Delhi den 60. Geburtstag zu feiern.
1996 Juni	• Auf Einladung von Oberbürgermeisterin Petra Roth besucht der Dalai Lama auf einer Deutschlandvisite Frankfurt und trägt sich bei einem Magistratsempfang in das Goldene Buch ein. Roth wirft Peking »blutige Gewalt« gegenüber Tibet vor.
2002 Juli	• Der Chef der tibetischen Exilregierung, Samdhong Rinpoche, zu Besuch in Hessen
2002 Oktober	• Der Dalai Lama ist Festredner bei der Jubiläumsfeier »50 Jahre Johanniter-Unfall-Hilfe« in der Paulskirche FFM, er führt Gespräche mit hessischen Politikern.
2003 Mai	• Der Dalai Lama kommt mit einer kleinen Delegation nach Wiesbaden, um mit Roland Koch, Christian Schwarz-Schilling und weiteren Beratern die weiteren Verhandlungen mit der chinesischen Regierung vorzubereiten. Interview im ZDF vor einem Besuch bei Bundestagspräsident Wolfgang Thierse und der Teilnahme am Kirchentag in Berlin
2005 Januar/Februar	• Delegationsreise von Ministerpräsident Roland Koch nach Indien mit einem »Privatbesuch« beim Dalai Lama in Dharamsala. Spendenaktion der Delegation und Geburtsstunde der »Freunde für einen Freund«.
2005 Juli	• Verleihung des hessischen Friedenspreises im Kurhaus Wiesbaden; Geburtstagsfeier (70 Jahre) im Kurpark Wiesbaden vor 20.000 Besuchern; persönliche Feier im Kurhaus mit 1300 Gästen u. a. Heinrich Harrer; Besuch im Rathaus der Landeshauptstadt mit Eintrag ins Goldene Buch.
2005 September	• Stopover in Fraport auf Rückflug von USA nach Delhi mit Treffen hessischer Freunde
2006 September	• Reise einer Delegation unter Leitung von Friedhelm Brückner nach Indien, u. a. Aufenthalte in New Delhi, Ladakh und Dharamsala
2007 Juli	• Der hessische Ministerpräsident reist auf Einladung der chinesischen Regierung mit einer Delegation nach China und besucht Tibet.

2007 September	• Zweite große Veranstaltung des Vereins »Freunde für einen Freund e. V.« mit dem Dalai Lama und 17.000 Besuchern im Hessenpark in Neu-Anspach (unter den Gästen Udo Jürgens), die live im HR Fernsehen übertragen wird. • Anschließend Besuch mit Ministerpräsident Roland Koch zum »Privatempfang« im Kanzleramt bei Bundeskanzlerin Angela Merkel.
2008 Mai	• Auf Deutschlandreise mit Stationen in Hessen, im Ruhrgebiet und Berlin. Treffen mit Entwicklungshilfeministerin Heidemarie Wieczorek-Zeul
2009 Februar	• Verleihung des Deutschen Medienpreises an den Dalai Lama in Baden-Baden, Laudator Ministerpräsident Koch
2009 Juli/August	• Der Dalai Lama unterweist vier Tage lang in buddhistischer Lehre in der Commerzbank-Arena, Vorträge und Symposien • Ehrendoktorwürde der Philipps-Universität in Marburg; Eintrag ins Goldene Buch der Stadt
2010 Februar	• Stopover des Dalai Lama am Flughafen Frankfurt mit Treffen Roland Koch und Entwicklungshilfeministerin Heidemarie Wieczorek-Zeul
2010 Juni	• Die »Freunde für einen Freund« laden zum Empfang aus Anlass des 75. Geburtstages des Dalai Lama in dessen Abwesenheit. Teilnahme von Ministerpräsident Koch und hessischen Politikern, dem Sondergesandten des Dalai Lama, Kelsang Gyaltsen, dem Vertreter aus Genf und weiteren tibetischen Politikern sowie Vertretern von ICT, TiD, Tibethaus, dem Verein der Tibeter in Deutschland und anderen; aus demselben Grund Empfang im hessischen Landtag.
2011 August	• Zum Auftakt eines dreitägigen Hessenbesuchs Empfang des Dalai Lama durch Ministerpräsident Volker Bouffier im Kloster Seligenstadt. Rede vor Gästen an der Goethe-Uni in FFM; Besuch des Tibethauses Frankfurt, • Besuch des Landtags vor Plenarsitzung und dritte Ansprache vor den hessischen Landtagsabgeordneten. • Empfang der »Freunde für einen Freund« in Wiesbaden mit über 500 Gästen und Ansprache des Dalai Lama. • Besuch einer Blindenschule in Friedberg.

2013 November	• Der ehemalige Exilregierungschef Samdhong Rinpoche besucht das Tibethaus und gibt Unterweisungen.
2014 Mai	• Der Dalai Lama kommt auf Einladung des Tibethauses nach Frankfurt: In der Ballsporthalle Vortrag über »Mitgefühl und Selbstbewusstsein«; Vortrag vor Schülern in der Paulskirche; • morgendliche Audienz des Dalai Lama in Frankfurt für 400 Gäste aus Wirtschaft und Kultur auf Einladung der »Freunde für einen Freund«.
2014 September	• Eine Delegation des Vereins »Freunde für einen Freund« reist nach Dharamsala zu Gesprächen mit der tibetischen Exilregierung und einer privaten Audienz bei Seiner Heiligkeit.
2015 Februar	• Privatbesuch des Dalai Lama in Bad Nauheim.
2015 Juli	• Großes Fest der »Freunde für einen Freund« zum 80. Geburtstag des Dalai Lama im Kurpark Wiesbaden vor 18.000 Besuchern; • Besuch im Frankfurter Römer, Eintrag ins Goldene Buch; • Museum für Angewandte Kunst und die »Freunde für einen Freund« laden Schüler aus 32 Schulen in Rhein-Main zu einer Diskussionsveranstaltung mit dem Dalai Lama ins MAK ein. • Besuch im Wiesbadener Rathaus, Eintrag ins Goldene Buch; • Empfang im Hessischen Landtag und vierte Ansprache vor hessischen Landtagsabgeordneten. • Präsentation des Buches »100 Tage Tibet« des Fotografen York Hovest. Es kam nach einer Veranstaltung der »Freunde für einen Freund« in Wiesbaden zustande. • Bei diesem Besuch begleitet der Chef der Exilregierung, Lobsang Sangay, den Dalai Lama.

2017 September	• Das Tibethaus eröffnet offiziell sein neues Domizil in Frankfurt; wegen eines Maschinenschadens seines Flugzeuges kann der Dalai Lama erst zwei Tage später die Eröffnung nachfeiern. • Veranstaltung mit mehr als 1000 Jugendlichen in der Jahrhunderthalle. • Symposion zum Thema »Mitgefühl und Gemeinschaft und Globale Verantwortung« u. a. mit dem Hirnforscher Wolf Singer. • Benefizkonzert »Sound of Wisdom and Compassion« u. a. mit Yvonne Catterfeld und Markus Stockhausen, Moderator Ralf Bauer.
2018 Mai	• Der Premierminister der tibetischen Exilregierung, Dr. Lobsang Sangay, ist auf Einladung der »Freunde für einen Freund« zu Besuch in Hessen. Nach einem offiziellen Empfang bei Landtagspräsident Norbert Kartmann führt er Gespräche mit den Fraktionsvorsitzenden im Landtag und weiteren hessischen Politikern.
2018 September	• Vorläufig letzter Besuch des Dalai Lama in Hessen als Teilnehmer eines Symposions der Tibet-Initiative in Darmstadt, Titel »Gewaltlosigkeit ist der Weg«, Moderatorin Dunja Hayali, Teilnehmer u. a. die Nobelpreisträger Lech Walesa und Rebecca Johnson sowie Bundestagsvizepräsidentin Claudia Roth.
2022 Oktober	• Besuch des neuen Ministerpräsidenten der tibetischen Exilregierung, Penpa Tsering, in Hessen. Auf Einladung und Vermittlung der »Freunde für einen Freund« wird er im Landtag offiziell empfangen von Landtagspräsidentin Astrid Wallmann und führt anschließend Gespräche mit weiteren Politikern.

Kurzbiografie

6. Juli 1935: Als Sohn einer Bauernfamilie in dem Ort Taktser, Provinz Amdo, im Nordosten Tibets geboren. Er erhält den Namen Lhamo Dondup.

1937: Im Alter von zwei Jahren wird er anhand von Prophezeiungen als Reinkarnation des 13. Dalai Lama erkannt und mit seiner Familie nach Lhasa gebracht.

1940: Inthronisation als 14. Dalai Lama unter dem Mönchsnamen Tenzin Gyatso

1941 Ausbildung in Dialektik, tibetischer Kunst und Kultur, Grammatik und Sprachwissenschaft, Medizin sowie buddhistische Philosophie

1950: Kurz nach dem Einmarsch von Truppen der Volksrepublik China in Tibet Übernahme der Regierungsgeschäfte

1954 Reise nach Peking, Treffen mit Mao Tsetung, Zhou Enlai und Deng Xiaoping

1959: Aufstand des tibetischen Volkes gegen die chinesische Besatzung, rund 90.000 Tibeter sterben, der Dalai Lama flieht nach Indien.

1960: Der Dalai Lama bezieht seine Exilresidenz in Dharamsala, Nordindien, wo sich seitdem auch der Sitz der tibetischen Exilregierung befindet.

1963: Der Dalai Lama verkündet den Entwurf einer demokratischen Verfassung für ein zukünftiges freies Tibet.

1987: Vorschlag eines Fünf-Punkte-Friedensplans als ersten Schritt zur Klärung des zukünftigen Status von Tibet

1989: Friedensnobelpreis für die Bemühungen um die gewaltfreie Lösung des Tibetproblems. Auf seinen Reisen in insgesamt 52 Länder wirbt der Dalai Lama für eine friedliche Lösung der Tibetfrage sowie anderer Konflikte auf der Welt.

2001: Seine Heiligkeit verzichtet in einem ersten Schritt auf eigene politische Macht, die Exiltibeter wählen in Professor Samdhong Rinpoche einen neuen politischen Führer (Ministerpräsidenten).

2011: Vollständiger Rückzug von allen politischen Ämtern, Ende einer 350 Jahre währenden Tradition, die dem Dalai Lama eine politische Führungsrolle zusprach. Als spiritueller Führer wirbt er weiter in aller Welt für Mitgefühl und Mitverantwortung.

März 2025 In seinem jüngsten Buch »Voice for the Voiceless« (Stimme der Stimmlosen) schreibt der Dalai Lama, das geistige Erbe des tibetischen Buddhismus könne nur durch eine Reinkarnation in der »freien Welt« bewahrt werden. Ein 15. Dalai Lama, der von Chinas Regierung bestimmt werde, werde nicht von den Tibeterinnen und Tibetern anerkannt.

Bildverzeichnis